3 €

Les Paresseuses changent de vie

Anita Naik

Les Paresseuses changent de vie

MARABOUT

Titre original : *The New You* par Anita Naik.
Publié pour la première fois en Angleterre par Piaktus Book,
5 Windmill Street London WIT 2JA, England.

Traduit de l'anglais par Tina Calogirou avec la collaboration d'Isabelle de Jaham.

À toutes les personnes qui m'ont inspirée, aidée et encouragée pour me permettre de trouver mon nouveau moi intérieur, en particulier Joe R., Judy C., Jenni B., Emma B., et mes parents.

Sommaire

Avant-propos

Pourquoi ce guide va vous aider

Vous êtes accro aux stages de développement personnel ? aux livres de psychologie ? ou aux gourous payés à prix d'or qui promettent de changer totalement le cours de votre existence ? Si vous avez répondu « oui », sachez que vous n'êtes pas la seule. Moi aussi, je suis passée par là, comme la plupart des gens de votre entourage. À en croire les chiffres les plus récents, le secteur du développement personnel, en France, pèse aujourd'hui 15 milliards d'euros par an (ajoutez à cela tous les autres pays du monde, et vous obtiendrez un chiffre qui donne le vertige). Nous sommes de plus en plus nombreux à avoir désespérément « besoin » d'une armada de conseillers en tout genre.

Mais trouver son nouveau moi intérieur coûte cher. J'en sais quelque chose : il y a encore douze ans, je dépensais des fortunes pour atteindre cet objectif. À 24 ans, je ressemblais à ces médecins qui ne prennent pas les médicaments qu'ils prescrivent : j'écrivais une rubrique dans un magazine prodiguant une foule de conseils précieux que je ne suivais pas moi-même. J'avais un superjob et une vie sociale trépidante, je dînais dans des restaurants branchés hors de prix et je partais en vacances au bout du monde. Quant à mon fiancé, il était « parfait » ou presque.

Malgré les apparences, ma vie était parfaitement déprimante. J'étais lourdement endettée car je vivais au-dessus de mes moyens « grâce » à mes cartes bancaires et à mes autorisations de découvert. L'allure que prenaient ma vie professionnelle et ma silhouette me désespérait et mon fiancé était tout sauf parfait.

Étant du genre à prendre les choses en main, j'ai fait ce que font quantité de femmes : je suis allée demander conseil à des pros ; des voyantes extralucides m'ont dit... ce que j'avais envie d'entendre, des gourous New Age m'ont conseillé de psalmodier, des visionnaires déjantés m'ont expliqué que tout ce qui m'arrivait dans ma vie était lié à mon karma. Pour améliorer mon estime de moi, j'ai testé les affirmations positives face à mon miroir, j'ai donné dans les drainages lymphatiques et autres soins spirituels pour purifier mon esprit et mon corps. J'ai dépensé la moitié de mon salaire pour participer à un week-end de développement personnel, avec à peu près 20 000 autres personnes, qui sautaient en l'air en hurlant : « Oui ! » (Oui à quoi, je ne sais plus trop d'ailleurs...)

J'ai aussi testé tous les régimes *people*, les régimes miracles et les régimes express – j'ai même essayé une formule de mon cru, exclusivement à base de croissants et de café. J'ai dévoré des centaines de livres sur le développement personnel, truffés de bons conseils du genre « lisez-ce-livre-découvrez-l'amour-oubliez-vos-peurs-et-changez-de-vie-en-sept-étapes-le-tout-en-rangeant-vos-placards ». Et j'ai soûlé mes amis en leur expliquant que, « eurêka, j'avais trouvé la solution imparable à tous mes problèmes (et accessoirement aussi aux leurs) » !

J'aurais adoré vous dire qu'un matin, je me suis réveillée métamorphosée... Mais la réalité est plus dure : un matin, je me suis réveillée encore plus déprimée que d'habitude – ce qui m'a valu de passer trois jours entiers sous ma couette. Et là, j'ai eu une révélation : j'ai compris qu'il était temps de faire dans le concret. J'avais besoin d'un plan pratique. *Exit*, le fiancé nul et la conviction que le salut de mon âme se cachait dans une paire de chaussures plus chères que mon loyer. Désormais, j'allais écouter les véritables experts, c'est-à-dire des gens comme mon cher banquier, le prof de mon club de gym, et même les amis qui avaient réussi à vaincre leurs propres démons intérieurs.

Le premier grand choc a été de constater que cette approche pratique, qui remplaçait mes précédentes démarches ésotériques, me procurait un réel plaisir. En ouvrant enfin mes relevés de compte, en coupant en deux mes nombreuses cartes bancaires et en faisant l'état des lieux de ma santé et de mon mode de vie, j'ai cessé de geindre : « Mais que vais-je devenir ? » pour ouvrir les yeux et prendre conscience de ce qui allait se passer si je ne changeais pas mes habitudes.

Là, le choc numéro deux s'est produit : j'ai compris que, pour regarder en face le bazar qu'il y avait dans ma vie, je n'allais pas devoir me punir ni m'imposer des privations, mais faire preuve d'honnêteté et trouver des solutions applicables.

Résultat : dix ans plus tard, je n'ai plus de dettes, je dispose d'un patrimoine financier et j'ai multiplié mes revenus par deux, tout en donnant un nouveau tournant à ma carrière. Mieux encore : je sais ce qu'il faut faire pour être en forme et en bonne santé, et ce de manière durable. Et j'ai même réussi à tomber amoureuse d'un homme avec qui tout roule. Vous vous dites que ça n'arrive qu'aux autres ? Eh bien, non. Sachez toutefois que tout cela a été (et continue en partie à être) le fruit d'un dur travail. Désormais, je sais que, lorsqu'on a vécu n'importe comment (indépendamment du nombre d'années), il est possible d'adopter un nouveau mode de vie et – plus important encore – j'ai compris qu'il fallait du temps pour atteindre ses objectifs mais que le cap le plus dur à passer était le premier mois.

Attention ! je n'ai pas dit qu'on pouvait perdre 15 kilos en un mois, se constituer un patrimoine à faire pâlir d'envie Bill Gates en quatre semaines, ni même trouver l'homme de sa vie en quinze jours ! Personnellement, il m'a fallu quatre ans pour rembourser mes dettes et me constituer des économies confortables, deux ans pour être suffisamment en forme pour courir tous les jours sans souffrir le martyre. Quant à mon processus de réussite professionnelle, il est toujours en cours mais – et c'est un grand MAIS – il ne m'a fallu que quatre semaines pour faire les ajustements déterminants qui ont radicalement changé ma vie.

En quatre semaines, j'ai pris la décision de démissionner (et d'ignorer les inquiétudes de mes proches qui me demandaient : « Mais qu'est-ce qui te prend ? »). Quatre semaines pour constater qu'en réalité, j'avais la mentalité d'un travailleur indépendant. Quatre semaines pour couper en deux mes cartes bancaires (je pensais qu'elles me sauvaient la vie alors qu'elles causaient ma perte). Et quatre semaines pour mettre sur pied un plan de redressement financier qui m'a permis d'éponger toutes mes dettes. Il m'a aussi fallu un mois pour cesser de me répéter : « Je refuse de faire un seul régime de plus » et un mois pour prendre l'habitude de faire 1 heure de gym par jour.

Comme disait l'autre : « Tout changement commence par la fin de quelque chose. » Ici, il s'agit d'abandonner ce « vous » usé et fatigué pour décider, là, maintenant, tout de suite, d'évoluer et de changer. Que vous ayez été à deux doigts du désespoir en entamant la lecture de ce livre ou que vous cherchiez simplement une voie conduisant à une vie nouvelle, vous avez fait le bon choix. Cet ouvrage est différent des autres. Chaque chapitre va vous aider à identifier les habitudes qui VOUS pourrissent la vie, à vous, personnellement. En déterminant, par exemple, si vous êtes perpétuellement fauchée parce que vous sortez boire des cocktails tous les soirs de la semaine ou parce que vous achetez en moyenne 500 paires de chaussures par semaine.

Les Paresseuses changent de vie propose des plans d'action détaillés, jour par jour, sur quatre semaines, qui vous aideront à vous débarrasser de vos mauvaises habitudes et à en prendre de bonnes. Vous avez le sentiment de vous être égarée sur le chemin de votre vie ? Vous vous dites que certaines portes vous sont désormais fermées, en raison de votre âge, de votre situation ou de votre état d'esprit ? N'hésitez plus : partez à la découverte de votre nouveau moi intérieur – qu'avez-vous à perdre ?

chapitre 1

Comment avoir un nouveau corps en un mois

Votre apparence physique vous rend malheureuse ?

Vous en avez assez de vous sentir grosse et informe ? Vous n'en pouvez plus de vous planquer lors des soirées en faisant bonne figure ? Si vous avez répondu « oui » à ces trois questions, vous avez probablement besoin d'un coup de main pour changer tout ça. Avant tout, sachez que, quel que soit votre sentiment de désespoir et d'abattement actuel, le changement est à portée de main. Difficile à croire ? Pensez donc aux centaines de personnes qui perdent du poids chaque jour. D'accord, vous n'avez pas rigoureusement le même mode de vie qu'elles, mais toutes ont ressenti ce que vous ressentez maintenant avant de décider de changer et de prendre leur vie en main.

Oui, oui, je vous entends déjà : il y a sans doute une centaine de bonnes raisons pour lesquelles, vous, vous n'y arriverez jamais. Vous manquez de temps, de volonté, de soutien ou vous n'avez aucune idée de la marche à suivre pour renoncer à vos péchés mignons ultra-caloriques et réconfortants. À moins que vous ne soyez tout simplement tellement abattue que le simple fait d'essayer une fois de plus de perdre du poids ne vous paraisse déjà un échec. Ces considérations vous rappellent-elles quelque chose ? Alors, il est temps de dire : « Stop ! J'arrête tout et je change d'attitude. » En vous répétant que vous n'arriverez jamais à faire ceci ou cela, vous ne faites que renforcer cette désastreuse intime conviction – ce qui vous empêche d'avancer. Eh oui, nous sommes toutes pareilles : nous avons tendance à faire ce qui nous est familier et confortable, même si cela fait perdurer une situation qui nous rend malheureuses.

Alors, changez de disque et dites-vous que vous allez y arriver. Tournez la page : votre nouvelle vie commence aujourd'hui. Pour cela, vous allez devoir vous concentrer sur votre objectif. Avant tout, vous avez besoin d'inspiration. Des études ont démontré qu'un individu avait plus de chances d'atteindre ses objectifs s'il avait une idée précise de l'aspect, du goût et de la texture de ceux-ci. Alors, fermez les yeux et imaginez votre future silhouette ; imaginez-vous plus en forme et plus mince. À quoi ressemblez-vous ? Quels vêtements portez-vous ? Quelles sont les nouvelles opportunités qui s'offrent à vous ? Quelles nouvelles expériences faites-vous ? Et comment vous sentez-vous ?

Cet objectif sera votre motivation, votre moteur. Ne le perdez pas de vue. Attention : soyez réaliste ! Aucune pratique sportive ne vous transformera en top model de quinze ans de moins ! En revanche, une remise en forme et une perte de poids vous donneront la pêche que vous aviez il y a quinze ans, et vous aideront à devenir un top model dans votre tête. Après tout, *se remettre en forme* signifie « être au mieux de sa forme » – non pas pour impressionner les copines ni pour satisfaire sa famille ou son conjoint, mais pour se prouver à soi qu'on a la force de devenir celle que l'on veut.

Pour commencer, faites un état des lieux de la situation actuelle, puis assumez la responsabilité de votre comportement passé avant de mettre en place un plan d'action. Attention ! l'objectif de ce plan n'est ni de vous affamer ni de vous faire suer sang et eau, mais simplement de vous aider à trouver un mode de vie sain que vous conserverez toute votre existence.

Test : faites l'état des lieux de votre condition physique

Pour trouver la motivation et la volonté de changer, vous devez impérativement prendre conscience de vos idées et de vos habitudes en matière d'alimentation. Vous croyez savoir pourquoi vous avez des kilos superflus et pourquoi vous n'êtes pas en forme ? Je suis persuadée qu'en réalité, il vous manque une vue d'ensemble. Le test suivant va vous permettre de vous forger une idée plus précise de votre attitude par rapport à l'alimentation et à la forme physique. Lisez les questions puis cochez spontanément et honnêtement celles qui vous correspondent. Reportez-vous ensuite à la page suivante pour découvrir les résultats.

1. À quel rytme faites-vous de l'exercice ?

a. « Je vais à la gym une fois par semaine ou moins. » (ACP)

b. « Je fais 1 heure de vélo / de marche à pied / de gym trois fois par semaine. » (EPF)

c. « Le sport, ce n'est pas mon truc. » (PE)

d. « Je cours toute la journée. Par conséquent, je n'ai pas besoin de faire du sport. » (MC)

2. Combien de repas prenez-vous par jour ?

a. « Le déjeuner et le dîner, plus des en-cas. » (PE)

b. « Le petit déjeuner, le déjeuner et le dîner, plus deux en-cas. » (EPF)

c. « Un repas principal. » (ACP)

d. « Trois repas, mais je grignote toute la journée. » (MC)

3. Quelle est votre forme physique ?

a. « Je suis plus en forme que la plupart des gens. » (EPF)

b. « Bof... Je déteste le sport. » (MC)

c. « Pas terrible. Mais autrefois, j'étais en pleine forme. » (ACP)

d. « Ça dépend des jours. » (PE)

4. Si vous n'arrivez pas à perdre du poids, c'est :

a. « Parce que je mange trop de mauvais aliments. » (EPF)

b. « La faute de la génétique : dans ma famille, tout le monde est gros. » (ACP)

c. « Très simple : fast-foods, vin et chocolat. » (PE)

d. « Parce que je mange quand je suis déprimée. Et comme je suis tout le temps déprimée... » (MC)

5. Que pensez-vous du sport ?

a. « On y accorde trop d'importance. » (ACP)

b. « C'est pour les sportifs. » (MC)

c. « C'est un bon moyen pour perdre du poids. » (EPF)

d. « C'est bon pour les gens qui ont du temps. » (PE)

6. Que pensez-vous des fast-foods ?

a. « Il m'arrive d'y aller, mais c'est très rare. » (EPF)

b. « Je sais que je ne devrais pas, mais c'est si bon... » (MC)

c. « Seulement quand je meurs de faim. » (PE)

d. « J'ai une vie très *speed* et je ne peux pas faire autrement. » (ACP)

7. Quand vous montez les escaliers en courant :

a. « J'ai la tête qui tourne. » (PE)

b. « Je suis essoufflée. » (MC)

c. « Impossible de courir dans les escaliers. Je dois les monter lentement. » (ACP)

d. « Ça va très bien : pourquoi ? » (EPF)

8. Pour que vous arriviez à perdre du poids, il faudrait :

a. « Un miracle. » (MC)

b. « Plus de temps. » (PE)

c. « Que je change d'attitude. » (EPF)

d. « J'y arriverai le jour où je l'aurai décidé. » (ACP)

Résultats

Faites le total du nombre de réponses obtenues dans chaque catégorie, puis reportez-vous au paragraphe correspondant.

À côté de la plaque (ACP)

Désolée, mais vous êtes complètement à côté de la plaque concernant l'explication de vos kilos superflus et votre forme carrément-pas-olympique. C'est sans doute difficile à admettre, mais, si vous avez des kilos à perdre, ce n'est ni la faute de la génétique, ni la faute à pas-de-chance : c'est tout simplement parce que vous mangez trop et que vous ne vous bougez pas assez. De plus, vous ne vous conformez pas à la règle d'or d'une alimentation saine, à savoir trois repas par jour plus deux en-cas. Pour retrouver la forme, ne comptez pas sur les régimes miracles : vous devrez manger sainement, faire du sport et comprendre une fois pour toutes que le seul moyen de perdre du poids est d'être honnête avec soi-même, c'est-à-dire de regarder en face les raisons pour lesquelles vous en êtes arrivée là. Une fois que vous aurez admis ces raisons, vous aurez déjà parcouru la moitié du chemin.

Pas d'énergie (PE)

Si vous avez des kilos en trop, c'est parce que votre alimentation se compose essentiellement de plats cuisinés, de boissons alcoolisées et de sucreries grignotées dans la journée. De plus, vous êtes prisonnière d'un cercle vicieux :

comme vous attendez trop longtemps entre deux repas, le niveau de sucre dans votre sang chute – ce qui vous pousse à boire une boisson énergisante (café, soda *light*) ou à grignoter pour vous donner un coup de fouet. Là, votre glycémie augmente brusquement et vous booste un moment avant de s'effondrer à nouveau. Et ainsi de suite. Résultat : vous êtes perpétuellement fatiguée et vous ne trouvez ni l'énergie, ni le temps de faire du sport et de manger sainement. Vous allez devoir changer de mode de vie afin d'avoir l'énergie nécessaire pour perdre du poids et vous remettre en forme.

En pleine forme (EPF)

Vous avez une attitude saine, c'est-à-dire que vous savez ce qu'il faut faire pour perdre du poids et être en forme. Cependant, vous ne le faites pas, probablement parce que la motivation et la volonté nécessaires vous font défaut. Cessez de vous culpabiliser à cause de vos kilos superflus et dites-vous que vous réussirez à les perdre. Adoptez le mantra suivant : « J'arrête de me dire ceci ou cela et je passe à l'action » et soyez honnête. C'est formidable d'avoir un frigo rempli d'aliments sains mais encore faut-il les manger ! C'est parfait d'aller au club de gym trois fois par semaine, sauf si vous passez plus de temps dans la machine à UV que sur les appareils ou si vous engloutissez une méga-pizza après vos séances. Pour perdre du poids et retrouver la forme, commencez par vous recentrer sur vos objectifs.

Mangeuse compulsive (MC)

Vous êtes ce qu'on appelle « une mangeuse compulsive », c'est-à-dire que vous mangez lorsque vous êtes contrariée ou déprimée. Vous grignotez à la moindre contrariété. Vous vous jetez sur une tablette de chocolat au premier coup de cafard ou vous prenez systématiquement la direction du réfrigérateur en cas de problèmes au bureau... Quelles que soient vos motivations, une chose est certaine : pour maigrir et vous refaire une santé, il va falloir vous intéresser à vos démons intérieurs. Déterminez ce qui vous pousse à manger pour vous consoler : est-ce une habitude ? un comportement acquis ? ou bien un moyen de rester enrobée et donc hors circuit ? En découvrant votre mode de fonctionnement, vous réussirez à perdre du poids plus rapidement que vous ne l'auriez imaginé dans vos rêves les plus fous.

Reprenez votre corps en main et assumez vos responsabilités

Disons-le clairement : regarder la réalité en face et assumer ses responsabilités n'est pas facile – ce qui explique pourquoi nous sommes si nombreuses à avoir une tonne de bonnes excuses pour ne pas perdre de poids et faire du sport. Vous vous répétez sans doute que vous êtes boulotte parce que vous n'avez pas le temps de manger correctement ou parce que vous n'avez pas les moyens d'acheter des produits sains. À moins que vous ne soyez fermement convaincue que vous n'êtes pas comme les autres et que vous n'arrivez pas à perdre du poids. Et vous avez sans doute des excuses du même acabit pour ne pas faire de sport ; vous vous dites probablement : « Je ne suis pas une sportive », « Je n'ai pas le temps », voire « L'inscription au club de gym coûte une fortune, je ne peux pas me le permettre ».

Les bobards qu'on se raconte à soi-même, concernant sa vie, empêchent souvent d'avancer : que celle qui n'a jamais agi ainsi jette la première pierre ! Mais continuez à vous trouver des excuses et, dans un an, vous en serez exactement au même point qu'aujourd'hui. D'accord, il est très difficile d'oublier toutes ces excuses : elles ont été vos compagnes fidèles pendant des années, et affronter la vie sans le réconfort qu'elles vous apportent est angoissant. Mais si vous êtes déterminée à changer, il n'y aucune raison pour que vous n'y arriviez pas.

Voici un bon truc pour vous motiver : pensez combien votre corps et votre manque de forme restreignent votre vie quotidienne. Votre condition physique vous empêche-t-elle d'essayer de nouvelles activités ? de chahuter avec vos enfants ? entame-t-elle votre confiance en vous en public ? ou vous empêche-t-elle de vous affirmer auprès de votre entourage ? Plus important encore : quel est l'impact que ce manque de forme aura sur votre avenir ? Pour amorcer le processus et initier le changement, une simple décision suffit. Personnellement, l'idée de me refaire une santé et de perdre du poids suffisait à me déprimer, à me mettre de mauvaise humeur et à me donner une furieuse envie de dévorer du chocolat pour me remonter le moral.

J'ai eu ce mode de fonctionnement pendant des années, jusqu'au jour où je me suis réveillée avec un énorme ras-le-bol : j'en avais assez d'être toujours la grosse de service. J'ai alors décidé qu'il était temps de perdre du poids. Après cette révélation initiale, une décision en a entraîné une autre. Une alimentation plus saine m'a donné davantage d'énergie – ce qui m'a poussé à faire plus d'exercice. Grâce au sport, j'ai minci (les muscles sont trois fois moins volumineux que la graisse) – ce qui a changé ma silhouette et m'a redonné confiance en moi. Résultat : ma volonté de perdre plus de poids et de faire plus d'exercice s'est renforcée, et ainsi de suite.

COMMENT RÉDUIRE À NÉANT VOS EXCUSES POUR NE PAS ADOPTER UNE BONNE HYGIÈNE DE VIE ?

- **Si vous avez le temps de manger, vous avez le temps de choisir des aliments sains.**
- **Les aliments sains sont moins chers que les plats cuisinés et les plats à emporter.**
- **En mangeant moins et en se bougeant davantage, vous perdrez du poids.**
- **Vous n'avez pas besoin d'être sportive pour être active.**
- **Vous trouvez bien 3 heures pour regarder la télé ou pour prendre un verre en terrasse, donc vous pouvez trouver 45 minutes pour faire de la gym.**
- **Vous n'avez pas besoin de vous inscrire dans un club de gym pour vous remettre en forme : il vous suffit d'être active.**

Étape n° 1 : est-ce que c'est la cata ?

Vous êtes perpétuellement crevée ? Vous n'avez pas la pêche nécessaire pour faire du sport ? Vous savez parfaitement que vos aliments fétiches sont gorgés de calories, de graisses et d'hydrates de carbone, mais vous continuez à les manger ? Sachez que vous n'êtes pas la seule... Moins de 25 % d'entre nous font les 30 minutes recommandées d'exercice modéré (une fois par jour, cinq jours par semaine). Et plus de 75 % d'entre nous ont des kilos en trop, voire sont carrément obèses. Pour résumer : si vous êtes comme la majorité des gens, vous préférez rester installée dans un fauteuil plutôt que de marcher et vous mangez plus volontiers un aliment gras et sucré qu'une pomme.

Quand j'avais 20 kilos en trop, ma rengaine préférée était : « Vraiment, je ne comprends pas : je ne mange presque rien ! » En fait, j'aurais dû dire : « Je ne mange presque rien de sain ! » En revanche, je consommais des tonnes de plats à emporter et de confiseries et je buvais de nombreuses boissons alcoolisées. Je disais aussi : « Le sport, ce n'est pas mon truc. » Traduisez : « Le sport, ce n'est pas mon truc parce que je baisse les bras avant même d'avoir commencé. »

À ma grande surprise, j'ai fini par constater qu'en fait, le sport, c'était mon truc et qu'une alimentation saine portait ses fruits. Quand je pense aux heures passées avachie dans mon canapé, à grignoter des chips et du chocolat, je me dis que j'aurais largement eu le temps d'acheter des produits sains, de les cuisiner et de les manger.

Ce que je cherche à dire, c'est que, si (comme moi autrefois !) vous continuez à vous répéter les mêmes âneries pour expliquer vos mauvaises habitudes alimentaires, vous ne changerez jamais, parce que vous n'aurez aucune raison de changer.

LES SIGNES INDIQUANT QUE VOUS DEVEZ CESSER DE VOUS INVENTER DES EXCUSES

- Vous êtes tout le temps fatiguée, même au réveil.
- Vous auriez bien du mal à dire quand, pour la dernière fois, vous avez mangé cinq portions de fruits et de légumes dans la journée.
- Vous comptez les montées d'escaliers dans votre exercice quotidien.
- Vous espérez qu'un jour, vous vous réveillerez mince.
- Vous avez une vilaine peau et des problèmes de digestion.
- Vous évitez votre reflet dans les glaces.
- Vous n'avez pas la moindre idée des quantités de nourriture que vous ingurgitez chaque jour.
- Vous essayez tous les régimes possibles et imaginables.
- Vous vous mentez concernant les quantités que vous avalez.
- Vous décrétez que vous allez changer... demain.

Bien sûr, chacune d'entre nous trouve des excuses ahurissantes pour justifier son comportement. Personnellement, j'affirmais les choses suivantes pour me donner bonne conscience :

- « Mes kilos en trop, c'est génétique. »
- « Je me mettrai au sport quand j'aurai moins de travail. »
- « Je pourrais perdre du poids si je le voulais vraiment. Seulement, je n'en ai pas envie. »
- « Il y a plein de gens plus gros que moi. »
- « Je pèse environ 65 kilos. » En réalité, je n'étais pas loin des 85 kilos.

EXERCICE N° 1

Notez ci-dessous trois de vos arguments pour expliquer votre surpoids ou votre mauvaise forme physique. Il peut s'agir d'excuses, de comparaisons ou de gros bobards.

a)

b)

c)

Maintenant, posez-vous les questions suivantes :

1. Est-ce que ces mécanismes d'évitement vous aident vraiment à vous sentir mieux ou est-ce qu'ils vous incitent à vous diriger vers la boîte à biscuits ?
2. Mettez de côté de vos excuses et vos théories savantes et demandez-vous : quelle est la véritable raison qui vous empêche d'essayer de perdre du poids ?
3. Qu'est-ce qui pourrait vous inciter à réagir : une mise en garde de votre médecin ? la supplique d'un proche ? ou la perspective de rester comme cela pendant les dix années à venir ?

Étape n° 2 : d'où viennent vos habitudes alimentaires ?

La nourriture, c'est le combustible qui donne de l'énergie à notre organisme. Le problème, c'est qu'il ne s'agit pas seulement de cela. La nourriture, c'est aussi du réconfort, du plaisir et un remontant pour le moral. C'est autour des repas que nous célébrons des événements importants et que nous organisons nos journées. Pour toutes ces raisons, il est difficile de changer son alimentation et ses habitudes. Dans un monde parfait, tout le monde prendrait trois repas par jour et deux collations. Or, nous sommes peu nombreuses à le faire, soit parce que nous sommes trop occupées, soit parce que nous ne parvenons pas à changer nos habitudes. Aujourd'hui, le stress et la pression sont intenses. Résultat : les repas sont souvent avalés sur le pouce, et on aimerait devoir y penser le moins possible.

Aussi est-il très important de vous interroger sur l'origine de vos habitudes alimentaires afin de pouvoir les modifier. Savez-vous ce qui vous a incitée à manger comme vous le faites ? Est-ce un comportement acquis au sein de la famille ? une revanche sur les obligations qu'on vous a imposées par le passé ? ou bien est-ce quelque chose que vous vous êtes vous-même inculqué au fil des ans ? Peut-être ne voyez-vous pas l'intérêt de vous intéresser à votre passé pour découvrir pourquoi vous mangez ainsi ? Pourtant, c'est essentiel pour réussir à changer votre comportement.

Réfléchissez un instant : quelle était l'attitude de vos parents vis-à-vis de la nourriture, du poids et des repas ? Ces souvenirs sont très importants car ils constituent les fondements de vos habitudes alimentaires. L'un de vos parents utilisait-il la nourriture comme récompense ? Avez-vous entendu vos parents critiquer réciproquement leurs choix alimentaires ? Avez-vous grandi aux côtés d'une accro aux régimes, se nourrissant exclusivement de fromage blanc à 0 %, ou de quelqu'un qui surveillait strictement votre alimentation ?

Il est possible que vous reproduisiez aujourd'hui l'attitude de l'un de vos parents à l'égard de la nourriture et de votre poids, ou bien que vous ayez au contraire une réaction de rejet en faisant exactement l'inverse.

Pour mieux comprendre le passé, posez-vous les questions suivantes :

- Quels sont les messages, positifs et négatifs, qui vous ont été inculqués concernant la nourriture et l'alimentation lorsque vous étiez enfant ?
- Lorsque vous aviez faim, comment réagissaient vos parents ?
- Étaient-ils de gros mangeurs ou de petits mangeurs ?
- Vos parents avaient-ils des attitudes divergentes concernant l'alimentation et le poids ?

En vous interrogeant sur les réactions de vos parents concernant la nourriture, vous comprendrez les messages qui vous ont été transmis. Êtes-vous comme Séverine, 36 ans, qui a longtemps souffert de ses habitudes alimentaires, après avoir entendu sa mère répéter : « Une jeune fille ne doit jamais finir son assiette parce que les hommes n'aiment pas regarder les femmes manger » ? Ressemblez-vous à Mathilde, 27 ans, dont les parents faisaient régime sur régime et qui connaît la teneur calorique exacte d'une bonne centaine d'aliments ?

LES IDÉES QU'ON VOUS A PEUT-ÊTRE INCULQUÉES

- **« Les filles ne doivent pas prendre de dessert ni se resservir. » Pascale, 29 ans**
- **« Il n'y a pas de mal à manger n'importe quand dans la journée. » Vanessa, 29 ans**
- **« Être gros, c'est congénital. » Carine, 28 ans**
- **« Dans la famille, on aime bien manger. » Marie, 28 ans**
- **« Seules les filles minces peuvent faire ceci ou cela. » Caroline, 30 ans**

EXERCICE N° 2

1. Est-ce que la manière dont vous mangez est conforme aux conceptions de votre mère en matière d'alimentation et de diététique ? aux comportements de votre père ? Est-elle différente des comportements de l'un et de l'autre ?

2. Inscrivez ci-dessous deux de vos convictions concernant l'alimentation et le sport :

a.

b.

3. Inscrivez ci-dessous deux de vos convictions concernant les gens minces :

a.

b.

J'ai une bonne nouvelle : vous pouvez changer vos idées reçues en matière d'alimentation très rapidement ! Voici comment faire : remettez-vous en question à chaque fois que vous vous apprêtez à manger sans avoir faim, que vous mangez parce que vous êtes contrariée ou que vous consommez un aliment mauvais pour la santé. Pour cela :

1. Demandez-vous si vous avez vraiment faim.

2. Si vous choisissez de manger, profitez-en réellement, sans engloutir l'aliment en vous sentant coupable. Mangez-le lentement, dégustez-le et mâchez-le soigneusement.

3. Ne culpabilisez pas. Vous avez décidé de manger et vous y avez pris plaisir. Il n'y a pas de mal à ça.

Pour prendre de bonnes habitudes une fois pour toutes, il va falloir vous moti-ver ! Pour commencer, entraînez-vous à cesser de douter. Au lieu de vous trouver mille et une bonnes excuses pour lesquelles vous ne réussirez jamais à manger sainement, répétez-vous les raisons pour lesquelles vous allez y arriver.

Ensuite, lisez des récits d'individus ayant réussi leurs régimes ou trouvez-vous un modèle qui a perdu beaucoup de kilos. Les histoires de personnes ayant suivi le même parcours que vous sont motivantes. En effet, elles permettent de prendre conscience que, premièrement, perdre des kilos n'est pas une prouesse mais une succession de petites réussites à votre portée, et que, deuxièmement, vous pouvez maigrir quel que soit votre poids de départ.

Vous avez du mal à me croire ? Alors faites ce qui suit pendant une semaine :

1. Cessez de dire que jamais vous ne réussirez à faire ceci ou cela pour avoir une alimentation saine.

2. Supprimez complètement la *junk food*, les confiseries, les aliments à grignoter et les boissons alcoolisées. Prenez trois repas sains et deux en-cas par jour.

3. Chaque jour, notez les réactions de votre organisme à cette alimentation et à cette attitude nouvelles.

4. Les deux premiers jours seront sans doute difficiles car vous aurez des fringales de graisse et de sucre. Une fois passé ce cap difficile, le constat s'imposera : vous vous sentirez mieux (vous constaterez notamment que votre

humeur, votre sommeil et votre digestion s'améliorent). En plus, au bout d'une semaine, vous verrez que vous avez plus d'énergie et que vous dormez mieux et vous constaterez une première perte de poids, extrêmement motivante.

Étape n° 3 : bougez-vous !

Vous détestez/haïssez/abhorrez le sport ? Désolée, mais il n'y a pas trente-six mille solutions pour être en forme et maigrir : il faut se bouger. Et pas seulement une fois par semaine, mais une fois par jour. Minute ! Avant de jeter définitivement l'éponge et de refermer ce livre, sachez qu'*être active et apprécier l'exercice* ne signifie pas « devenir une athlète de haut niveau ». Nous n'avons pas toutes un tempérament de championne ; en revanche, nous avons toutes la capacité d'être actives et de faire de l'exercice. En bref : vous n'avez pas besoin de courir un marathon, de gagner une médaille ou d'être la plus rapide / la plus forte / la plus agile pour profiter des bienfaits du sport.

Outre votre activité générale, faites un peu d'exercice cinq fois par semaine : allez au bureau à pied d'un pas alerte, faites un petit jogging dans le parc près de chez vous ou faites de la gym à la maison avec une vidéo – vous verrez, vous serez contente de vous.

Là, je vous entends déjà : « Je déteste le sport / toute forme d'exercice physique – Je n'ai pas le temps – Ça ne m'intéresse pas » (rayez la mention inutile). Quand vous étiez enfant, étiez-vous nulle en EPS ? Étiez-vous toujours la dernière à être choisie lorsque l'on formait les équipes ? Comme beaucoup de sportifs reconvertis sur le tard, moi aussi, je détestais l'EPS et les sports collectifs. J'abhorrais tellement le sport qu'après le lycée, je n'ai pas fait le moindre exercice physique pendant dix ans, persuadée que ce n'était pas mon truc – alors à quoi bon ?

À quoi bon ? La réponse est très simple : l'exercice physique est un élément essentiel de votre existence. Non seulement il va vous aider à perdre du poids, puis à ne pas en reprendre, mais il est aussi essentiel à votre équilibre psychologique. En effet, il donne une meilleure image du corps, booste l'estime de soi et fournit des « expériences concrètes de compétence et de réussite » : en clair, faire du sport vous montre que vous n'êtes pas une larve – ce qui va améliorer votre confiance en vous. Peut-être faites-vous partie de ces femmes qui se disent qu'elles sont suffisamment actives pour ne pas avoir besoin de faire du sport ? Vous êtes debout toute la journée, vous montez les escaliers en courant et vous allez à pied au bureau ? Certes, il s'agit d'exercice physique, mais ce type d'activités n'accroît pas le rythme cardiaque – ce qui est nécessaire pour perdre du poids. En matière d'exercice, ce qui compte, ce n'est pas ce que l'on fait, mais comment on le fait.

À SAVOIR, POUR TOUTES LES ADEPTES DES SALLES DE GYM OU LES SPORTIVES

- **Une séance par semaine : vous avez le sentiment de faire de l'exercice (notez bien que j'ai dit « le sentiment » !)**
- **Deux séances : vous conservez un certain niveau de forme physique, qui vous permet de monter les escaliers en courant sans mourir terrassée d'une crise cardiaque.**
- **Trois séances : votre forme physique s'améliore, vous commencez à perdre du poids, votre silhouette se métamorphose petit à petit.**
- **Quatre séances : c'est la fréquence idéale. Votre forme, votre puissance, votre développement musculaire et votre capacité cardiaque s'améliorent, votre silhouette change rapidement.**

Toutefois, rien ne sert de faire de l'exercice trois ou quatre fois par semaine si vous ne suscitez pas une accélération de votre pouls au-delà de votre rythme cardiaque au repos (c'est-à-dire, en clair, si vous passez plus de temps au sauna qu'à la salle de gym ou si vous vous reposez plus longtemps que vous ne bougez). Pour travailler efficacement, vous devez vous entraîner à 60/75 % de votre rythme cardiaque maximum. Pour savoir si vous avez atteint le bon niveau, essayez donc de parler. Vous arrivez encore à vous exprimer tout en ayant du mal à soutenir une conversation ? Alors c'est bon : vous travaillez à la bonne intensité.

Étape n° 4 : donnez-vous un coup de pied aux fesses !

À l'heure qu'il est, vous devriez avoir fait un état des lieux et défini l'objectif à atteindre. Maintenant, pour réellement vous remettre en forme, il va falloir vous donner un bon coup de pied aux fesses et vous interroger sur les raisons qui vous ont poussée à saborder votre forme physique par le passé. Dans chaque programme de remise en forme arrive un moment où l'individu décide, consciemment ou inconsciemment, de poursuivre ou de laisser tomber. L'analyse de vos précédentes tentatives permettra peut-être de dégager un schéma récurrent de vos abandons.

Vous est-il arrivé d'engloutir un paquet de biscuits entier, avant de décréter : « Là, c'est râpé ; alors à quoi bon continuer ! » ? Ou bien, après avoir atteint un objectif, avez-vous fêté l'événement avant de jeter l'éponge (c'est plus courant qu'on ne le pense) ? À moins que, les progrès étant trop lents, vous ne vous soyez dit qu'il était plus simple de retomber dans vos mauvaises habitudes ? Il arrive aussi qu'on ne se sente pas soutenue par ses proches – ce qui incite à baisser les bras. Certaines personnes se disent : « Ce n'est pas juste que je sois obligée de subir ça. » D'autres sont freinées dans leur élan par des problèmes professionnels ou familiaux.

Quelles que soient vos raisons, sachez que vos problèmes ne se dissiperont pas simplement parce que vous avez décidé de changer. Vous avez vraiment envie de vous remettre en forme et vous êtes déterminée ? Alors il va falloir composer avec votre situation – ce qui veut dire que vous devrez tenir bon, même si vous êtes débordée / stressée / sous pression / démotivée à la simple idée de continuer.

EXERCICE N° 4

1. Posez-vous la question suivante : en continuant à vivre comme vous le faites actuellement, quel serait le scénario d'avenir le plus pessimiste ?
2. Notez trois choses que vous auriez envie de faire, mais que vous ne pouvez faire en raison de votre poids ou de votre mauvaise forme physique. Idées de réponses : « m'inscrire à un club de gym », « faire un bébé », « sortir danser », « trouver un conjoint » et j'en passe...
a.
b.
c.
3. Dans cinq ans, comment vous sentirez-vous si vous n'avez concrétisé aucun de ces projets ?
4. Quelle est votre principale motivation pour changer ?

L'objectif de ce questionnaire n'est pas de vous inciter à vous précipiter sur la boîte à biscuits pour « replonger » ! Mais de vous aider à comprendre que vos actes d'aujourd'hui ont des conséquences importantes sur la manière dont vous vivrez demain. Associez une vision douloureuse de votre avenir à vos comportements actuels et vous trouverez la motivation supplémentaire nécessaire pour changer. Passons à l'étape suivante, à savoir la définition de vos objectifs. En vous appuyant sur l'exercice ci-dessus pour vous motiver, déterminez vos objectifs spécifiques pour le mois, les six mois et l'année à venir.

Quelques idées pour vous aider :

1. Notez trois changements que vous aimeriez apporter à votre corps en un mois, en six mois et en un an :

a.

b.

c.

2. Soyez réaliste, ne rêvez pas de perdre 20 kilos en un mois ; et soyez précise, ne dites pas : « Je veux perdre du poids » mais plutôt : « Je veux perdre 6 kilos en un mois ».

3. Notez vos objectifs noir sur blanc, au présent. Soyez précise, ne dites pas : « Je veux arrêter de manger des cochonneries » mais : « Lundi, je vide le frigo, je jette toutes les cochonneries à la poubelle et je sors acheter des aliments sains ».

4. Placez cette feuille à un endroit visible. Vous aurez plus de chances d'atteindre vos objectifs si vous les avez sous les yeux.

Plan de redressement ou comment retrouver la forme sainement

Ouf ! Les régimes draconiens qui suppriment des groupes entiers d'aliments imposent des privations et suscitent des fringales sont totalement dépassés. N'empêche qu'il va falloir surveiller votre consommation de calories pour perdre du poids. Ce qui ne signifie pas que vous allez devoir compter le nombre de calories de chaque aliment, mais que vous devrez faire attention aux quantités consommées.

Vos objectifs

1. Surveiller la taille des portions.

2. Supprimer les en-cas et la *junk food*.

3. Choisir des plats plus sains au restaurant.

4. Manger cinq portions de fruits et de légumes par jour.

5. Réduire votre consommation d'aliments qui font grossir.

6. Changer de mode de vie pour ne pas être tentée par vos anciennes habitudes.

7. Cuisiner davantage et manger moins de plats cuisinés.

8. Découvrir de nouveaux aliments.

9. Réduire votre consommation d'alcool et de café au lait entier.

10. Faire de l'exercice.

Perdre du poids et retrouver la forme : les règles à suivre pour avoir un nouveau corps

Aujourd'hui, nous savons que les régimes draconiens sont néfastes pour l'organisme. En revanche, en prenant des repas équilibrés, à heures régulières, avec deux en-cas (sains !) par jour, vous réussirez à perdre du poids et à ne pas en reprendre.

Ne sautez pas de repas

Sauter un repas est extrêmement mauvais pour le métabolisme : au bout de 4 heures sans nourriture, l'organisme réduit sa capacité à brûler des calories de 30 %. En revanche, le métabolisme s'accélère lorsqu'on mange : l'organisme consomme de l'énergie pour digérer et assimiler les aliments. Conclusion : mangez plus souvent !

Supprimez les boissons alcoolisées

Les boissons alcoolisées sont riches en calories, qui n'apportent ni nutriments ni vitamines. Ainsi, une alimentation équilibrée arrosée de bière ou de vin ne permettra qu'une perte de poids négligeable.

Vous avez du mal à dire « non » lorsqu'on vous propose un verre ? Alors, imposez-vous la règle suivante : ne buvez aucune boisson alcoolisée à travers laquelle vous ne pouvez pas voir ! Plus une boisson est transparente, comme la vodka ou le gin, moins elle contient de calories. Évitez notamment les liqueurs à la crème et autres bières brunes.

Augmentez les protéines, réduisez les hydrates de carbone

Concentrez-vous sur les protéines pour alimenter le « feu » qui brûle les graisses. Comme les protéines sont plus difficiles à digérer, elles entraînent la consommation de 20 à 30 % d'énergie en plus pour la digestion (soit 150 à 200 calories supplémentaires brûlées chaque jour). De plus, elles augmentent le métabolisme. Associez-les à des hydrates de carbone sains, comme des légumes verts à feuilles et des fruits – ce qui modifiera de manière spectaculaire la manière dont votre organisme brûle les calories.

Allez-y mollo sur la *junk food*

Hamburgers, pizzas, frites, kebabs, nuggets de poulet, poulet pané et bâtonnets de poisson appartiennent à la grande famille de la *junk food* – ces aliments dont raffolent tous ceux qui ont besoin de se remettre en forme. Si c'est votre cas, il est probable que vous mangiez ce type d'aliments parce que, premièrement, c'est bon marché et, deuxièmement, c'est bon. Or, si c'est bon, c'est justement parce que c'est plein de sucres et de graisses. Ultra-caloriques, ces aliments font grossir dès qu'on en consomme plus d'une fois par semaine. Malheureusement, pour retrouver la forme, il va falloir mettre la pédale douce.

Dites « non » aux en-cas riches en graisses

Vous adorez grignoter chips, barres chocolatées, bonbons, viennoiseries, en-cas salés, barres de céréales et autres brownies ? Bourrés de calories, de sucres et de graisses, ces aliments sont mauvais pour la santé. Préférez-leur des en-cas sains : une galette de riz soufflé, une poignée de noix, un fruit, des fruits secs ou un *smoothie* (boisson à base de fruits mixés).

Mettez le holà sur les graisses

Une alimentation riche en graisses saturées (c'est-à-dire qui restent solides à température ambiante, du genre beurre ou fromage) peut entraîner des maladies cardio-vasculaires et une prise de poids. Malheureusement, les graisses se cachent dans de nombreux produits, les vilaines, car elles améliorent leur goût... En outre, les produits riches en graisses saturées ne rassasient pas. Par exemple, une grosse pomme de terre en robe des champs contient moins de calories et de graisses qu'un sachet de chips au fromage et à l'oignon, et elle tient au corps beaucoup plus longtemps.

Soyez active

Faites 20 à 40 minutes d'exercice aérobic énergique quatre à cinq fois par semaine, en veillant à faire travailler votre cœur à la bonne intensité. Des études ont démontré que, pour être bénéfique pour la santé, l'effort doit vous porter à au moins 60/75 % de votre fréquence cardiaque par rapport à l'âge. Pour déterminer celle-ci, prenez votre âge et soustrayez-le de 220. Par exemple, si vous avez 25 ans, votre fréquence cardiaque par rapport à l'âge est de 195. Vous devrez donc travailler aux alentours de 120 (voir ci-dessous). Vous n'avez pas d'appareil pour mesurer votre pouls ? Fiez-vous à ce que vous ressentez. Si vous êtes trop essoufflée pour parler, vous avez probablement atteint le bon rythme.

DOSEZ VOTRE EFFORT

Âge	Fréquence cardiaque par rapport à l'âge	60/75 %
20 ans	200	120-150
25 ans	195	117-146
30 ans	190	114-142

« À vos marques... Prête ? Partez ! » Fixez-vous des objectifs réalistes

Avant de commencer, organisez-vous : vos chances de réussite n'en seront que meilleures. De plus, vous aurez le sentiment d'avoir la situation bien en main, en positivant : il ne s'agit pas de vous interdire tous les plaisirs de la vie, mais plutôt de profiter des meilleures choses tout en vous sentant mieux.

1. Faites-vous un programme

Pour atteindre vos objectifs, faites-vous un planning. Sinon, le périple « perte de poids et remise en forme » pourrait rapidement prendre des allures de départ en vacances sans carte routière ni véhicule ! C'est bien d'êre motivée et déterminée, mais un chamboulement trop radical de sa vie est synonyme d'« épuisement rapide » et de « retour à la case "départ" ».

L'idée est de vous fixer des objectifs ambitieux mais réalistes – ce qui paraît difficile si vous n'avez pas une idée précise du but à atteindre, ni du point de départ. Alors, commencez par définir les points suivants :

Prenez un carnet ou un cahier, qui vous servira de « carnet de bord » de *fitness* et d'alimentation. Des études ont démontré que, lorsqu'on note ses objectifs noir sur blanc, on a plus de chances de les atteindre, tout simplement parce qu'on a constamment sous les yeux sa situation actuelle et le but à atteindre.

NOTEZ DANS VOTRE CARNET DE BORD...

... la date du jour et inscrivez-y :

- **votre poids ;**
- **votre tour de taille ;**
- **votre tour de poitrine ;**
- **votre tour de hanches ;**
- **votre taille de vêtements.**

Si vous n'avez pas envie de vous peser, fiez-vous à la taille de vos vêtements. L'objectif n'est pas de faire une fixation sur votre poids au jour le jour, mais de vous donner un point de comparaison pour évaluer les progrès accomplis. Vous ne supportez pas l'idée de prendre vos mensurations ou de noter votre taille de vêtements ? Alors, mettez simplement une photo récente de vous (choisissez-en une où vous vous trouvez vraiment moche) dans votre carnet.

Maintenant, tournez 30 pages dans votre carnet et imaginez-vous dans un mois. Comment aimeriez-vous être ? Notez-le, mais attention : soyez réaliste ! C'est vrai qu'il est possible d'obtenir de gros changements en un mois, comme perdre 1 à 1,5 kilo par semaine. Mais sachez que vous n'allez pas perdre miraculeusement 30 kilos en un mois ! Si vous avez beaucoup de surpoids, il est possible que vous perdiez plus de 2 kilos par semaine les premiers temps. Plus on a de kilos en trop, plus on perd du poids rapidement. L'inverse est également vrai.

NOTEZ DANS VOTRE CARNET DE BORD

- **le poids souhaité ;**
- **le tour de taille souhaité ;**
- **le tour de poitrine souhaité ;**
- **le tour de hanches souhaité ;**
- **la taille de vêtements souhaitée.**

Maintenant, revenez à la première page du carnet et inscrivez-y un objectif pour chaque jour de la première semaine.

Quelques exemples :

- « Je fais le vide dans mes placards pour jeter tous les aliments mauvais pour la santé. »
- « Je m'inscris dans une salle de gym. »
- « Je sors faire une promenade en marchant d'un bon pas. »
- « Je mange cinq portions de fruits et de légumes. »
- « Je bois huit verres d'eau. »
- « Je prends un déjeuner équilibré. »

Ensuite, fixez-vous un objectif pour la fin de la semaine.

Quelques exemples :

- « Je fais 30 minutes d'exercice chaque jour. »
- « Je prends des repas équilibrés et des en-cas sains chaque jour. »

- « Je renonce aux plats à emporter pendant une semaine entière. »
- « Je supprime les petits plaisirs mauvais pour la santé. »
- « J'arrête de manger du chocolat ou de boire de l'alcool. »
- « Je perds 1 kilo ou plus. »

Enfin, pensez à votre objectif pour la fin du mois.

Comme :

- « Je perds entre 4 et 6 kilos. »
- « Je passe à une taille inférieure de vêtements. »
- « Je porte un vêtement dans lequel je ne suis jamais rentrée. »
- « Je cours 2 km sans m'arrêter. »
- « Je me sens bien dans ma peau. »

2. Créez un déficit calorique

Pour perdre du poids efficacement, il faut créer un déficit calorique, soit en réduisant l'apport en calories (c'est-à-dire en mangeant moins), soit en accroissant le nombre de calories brûlées (en faisant de l'exercice). La solution la plus efficace, c'est... de faire les deux en même temps ! Pour perdre 0,5 kilo de graisse, il suffit de réduire son apport alimentaire ou d'accroître l'exercice physique de manière à avoir 3 500 calories de moins par semaine, soit 500 calories par jour.

Des études ont démontré que l'idéal est de se fixer pour objectif de perdre 10 % de son poids : on a plus de chances de réussir, sans reprendre les kilos perdus. L'étape suivante, dans la mise en place de votre programme, consiste à déterminer un régime alimentaire qui fonctionne pour vous. Ce type de régime conserve une partie de ce que vous aimez et supprime tout le reste. L'idée, en deux mots, étant de mettre le holà sur les plats cuisinés pour manger sainement. Arrêtez de grignoter des produits bourrés de sucre et mangez plus de fruits et de légumes !

Pour cela, vous devez adopter un état d'esprit particulier : ne pensez pas « régime », mais « alimentation équilibrée ». Si, pour vous, *manger sainement* veut dire « ingérer une foule d'aliments que vous détestez », il est temps de laisser une chance à de nouveaux produits. Comment ! tout cela vous semble au-dessus de vos forces ? Allons, allons, pensez à votre objectif numéro 1 : PERDRE DU POIDS !

La vérité, c'est que personne n'est programmé pour être gros. Moins de 1 % des individus sont gros pour des raisons génétiques. En réalité, on devient gros parce qu'on a un mauvais mode de vie. Pour vous aider, prenez votre carnet de bord et notez-y ce que vous mangez.

Cela vous aidera à contrôler si votre alimentation est équilibrée

UNE ALIMENTATION ÉQUILIBRÉE, C'EST...

- **50 % d'hydrates de carbone : légumes, fruits et hydrates de carbone non raffinés, comme du riz brun et du pain complet ;**
- **25 % de protéines : viandes maigres, poissons, œufs, protéines de soja, légumes secs ;**
- **25 % de graisses non saturées : noix, céréales, poissons gras.**

Voici ce qu'il faut manger chaque jour...

Hydrates de carbone

Ces aliments se composent de produits raffinés (c'est-à-dire que tous les nutriments nécessaires à une bonne santé ont été retirés) et de produits non raffinés (dont les nutriments intéressants ont été préservés). Si vous souhaitez adopter une alimentation saine, vous devez consommer davantage d'hydrates de carbone non raffinés, car ils ne sont pas directement stockés sous forme de graisses, mais transformés en énergie.

Fruits et légumes : cinq portions par jour

Les pommes, les bananes et les légumes verts à feuilles sont excellents pour la santé : gorgés de vitamines et de sels minéraux, ils apportent également des fibres. Pour respecter votre nouveau mot d'ordre (cinq portions par jour !), sachez qu'une portion correspond en gros à 80 grammes, soit une pomme ou une banane de taille moyenne, ou 2 à 3 cuillerées à soupe de légumes (crus, cuits, surgelés ou en conserve). Attention ! la consommation quotidienne de jus « 100 % purs fruits » ne représente qu'une portion sur les cinq de la journée.

Protéines

Les protéines sont essentielles. 1 gramme de protéines contient moins de 4 calories, contre 9 calories pour 1 gramme de graisse. Une alimentation riche en protéines (à ne pas confondre avec un régime hyperprotéiné, exclusivement à base de protéines) limite l'appétit et incite vos hormones à brûler les graisses. À savoir : les régimes hyperprotéinés sont efficaces, mais, comme tout régime, ils sont contraignants et ne vous apprennent pas à avoir une alimentation équilibrée.

Graisses non saturées

L'huile d'olive, le saumon, le thon et les sardines, ainsi que les noix et les graines contiennent des acides gras essentiels, également appelés « graisses non saturées » (liquides à température ambiante, comme l'huile d'olive). Excellents pour le cœur, les cheveux et la peau, ces aliments aident à perdre du poids. Par conséquent, l'idéal est de consommer des poissons gras, riches en acides gras essentiels oméga-3, trois fois par semaine (les végétariennes grignoteront quelques noix pour avoir leur apport en oméga-3). Mangez aussi des noix et des céréales, en petites quantités, pour votre apport en oméga-6, seconds acides gras essentiels.

3. Soyez à l'écoute de votre corps

Votre corps, lui, sait ce dont il a besoin pour être en bonne santé, même si vous vous acharnez à faire exactement le contraire ! Malgré tout ce que vous venez de lire, vous avez encore besoin de raisons supplémentaires pour manger équilibré ? Alors, passez en revue les problèmes qui suivent, pour découvrir vos erreurs en matière d'alimentation :

Problème Sensation de ballonnement : vous mangez sans doute trop de produits à base de blé.

Solution Augmentez votre consommation de fibres. Mangez plus de légumes et moins de pâtes et préférez les pains à base d'autres céréales, comme le seigle.

Problème Sensation de fatigue. Une consommation trop importante de sucre augmente votre glycémie (taux de sucre dans le sang), entraînant une amélioration de l'humeur, suivie d'une baisse d'énergie associée à de l'irritabilité.

Solution Cessez de sauter des repas pour grignoter ensuite. Mangez toutes les 3 à 4 heures. Pour vos en-cas, remplacez le chocolat par un fruit.

Problème Constipation.

Solution Plus de fibres et plus d'eau. Votre organisme a besoin de liquide pour évacuer ses déchets. Essayez de boire huit verres d'eau par jour.

Problème Diarrhée.

Solution Une alimentation trop riche en sucre donne des diarrhées. Lisez attentivement l'étiquetage des aliments pour réduire votre consommation en sucre.

Problème Vous avez des fringales de sucreries ; vous êtes « accro » au sucre.

Solution Faites une détox en bannissant tout produit sucré de votre alimentation pendant une semaine. Puis réintroduisez-les progressivement, mais uniquement les sucres naturels, comme les fruits.

Problème Vous prenez du poids alors que vous surveillez votre alimentation.

Solution Réduisez la taille des portions que vous mangez.

Problème Vous n'arrivez pas à dormir.

Solution Dînez plus tôt. En mangeant des plats à emporter tard le soir, vous êtes en pleine digestion au moment d'aller au lit. Évitez aussi la caféine (un stimulant puissant) après 16 h, voire avant si vous êtes accro au Coca ou au café : l'organisme met du temps à éliminer la caféine.

Problème Vous avez de la cellulite.

Solution La cellulite, c'est de la graisse localisée. Comme on ne peut pas perdre de la graisse de manière localisée, la seule solution consiste à avoir une alimentation équilibrée qui vous fera perdre du poids.

OÙ SE CACHENT LES CALORIES ?

- **Dans les produits fast-foods que l'on peut surnommer « néfastes-foods » : ils sont riches en sel, en graisses et en sucres cachés, sans parler des calories.**
- **Dans les confiseries : elles regorgent de sucres et de graisses et sont souvent bourrées de calories.**
- **Dans les cafés à emporter : les grands formats de cafés au lait entier contiennent une quantité importante de matières grasses.**
- **Dans les sodas : ils sont ultra-sucrés (jusqu'à 13 cuillerées de sucre par canette !).**
- **Dans les plats cuisinés : ils sont gorgés de calories, de sucres et de sel.**

4. Bougez-vous !

L'idée, c'est d'intégrer l'exercice physique à votre emploi du temps. Ainsi, vous aurez plus de chances de vous y tenir. Pour cela, commençons par déterminer le type d'exercice qui vous convient.

Tout d'abord, il est essentiel de faire de l'exercice aérobic, comme la course à pied, la natation, la marche (rapide) ou le vélo. Ce type d'activité, qui impose un effort à l'organisme, oxygène les muscles et sollicite le cœur. Pour un résultat efficace, pratiquez l'exercice que vous aurez choisi à une intensité qui vous permet de parler, sans toutefois pouvoir soutenir une conversation entière.

Outre l'exercice aérobic, vous devez également faire un travail d'endurance : c'est ce type d'exercice qui fait mincir. En effet, le muscle est un tissu actif (contrairement à la graisse qui, elle, ne fait rien à part vous empêcher de rentrer dans votre pantalon) – ce qui signifie, en gros, que les muscles consomment de l'énergie. Conclusion : plus vous avez de muscles, plus vous brûlez de calories (en d'autres termes, vous pourrez manger davantage sans grossir ou manger plus sainement et perdre du poids). Quelques exemples : le travail avec des haltères, les arts martiaux, le yoga et le Pilates.

Pour réussir à intégrer de l'exercice régulier à votre emploi du temps, optez pour une activité qui vous plaît et que vous pratiquerez volontiers. Celle-ci doit aussi être adaptée à votre mode de vie. Par exemple :

Marche à pied

Parfaite pour les débutantes et toutes celles qui détestent les salles de gym

Cette activité est bon marché et facile. De plus, selon la Fondation britannique du cœur (BHF), 10 000 pas par jour suffisent pour rester en forme. La marche à pied est non seulement bénéfique pour le système cardio-vasculaire, mais elle tonifie aussi les muscles.

Course à pied

Excellente pour perdre du poids. Convient aux fonceuses.

Cet exercice, qui exige un effort important, oxygène les muscles et sollicite le cœur – ce qui est essentiel pour une bonne forme physique. La course à pied réduit les risques de maladies graves, brûle les graisses, et entretient la forme et la ligne. Elle permet aussi de brûler des calories : 45 minutes de jogging seulement consomment presque 500 calories.

Natation

L'idéal pour celles qui ont beaucoup de poids à perdre et qui veulent faire de l'exercice toutes seules.

Lorsqu'on nage correctement (c'est-à-dire sans faire 5 minutes de pause après chaque longueur !), on tonifie le haut et le bas du corps, tout en travaillant l'endurance. De plus, cette activité est bon marché et peut se pratiquer dans la piscine la plus proche de chez vous.

Vélo

La meilleure solution pour muscler le bas du corps et être en plein air.

Même si c'est extrêmement tentant, ne comptez pas sur votre élan pour faire tout le boulot à votre place (vous savez, ces minutes exquises où l'on descend une pente en roue libre !). L'objectif, quand on fait du vélo, c'est quand même de fournir un effort. Progressez à un rythme régulier et attaquez quelques montées, pour solliciter votre système cardio-vasculaire.

Bon : une fois que vous avez trouvé l'activité qui vous convient, décidez de vous y adonner 30 minutes chaque jour. Pour commencer, extirpez-vous de votre canapé ! Souvenez-vous : vous avez le temps de surfer sur *eBay* et de regarder des séries télévisées ? Alors, vous avez le temps de faire du sport. La clé pour réussir est une bonne gestion du temps. Réduisez vos activités sédentaires (c'est-à-dire celles où vous restez assise sans bouger) au profit d'autres plus actives et tenez bon. Lorsque j'ai commencé à faire de l'exercice, comme beaucoup de débutantes, je passais plus de temps à me demander si, oui ou non, j'allais sortir pour faire du sport qu'à me mettre en tenue pour y aller. Cela vous aidera sans doute de savoir qu'à vos premières tentatives, vous aurez du mal à vous y mettre : dans votre cerveau germeront mille et une bonnes raisons de ne pas y aller... À savoir : parfois, il faut répéter les choses dix fois avant qu'elles ne deviennent une habitude. Ce qui veut dire que, d'ici une semaine, vous y serez presque : vous serez devenue quelqu'un qui fait de l'exercice régulièrement !

10 SOLUTIONS POUR TROUVER LE TEMPS DE FAIRE DU SPORT

Pour perdre du poids, dépassez les 30 minutes minimum conseillées chaque jour.

1. Levez-vous 1 heure plus tôt.
2. Faites deux tranches de 30 minutes chaque jour.
3. Faites de l'exercice à la pause-déjeuner.
4. Faites de l'exercice le week-end.
5. Renoncez à une activité sédentaire que vous pratiquez régulièrement.
6. Faites du sport avec des amies au lieu d'aller au cinéma.
7. Regardez moins la télévision (la plupart des gens regardent la télévision 4 heures chaque soir !).
8. Allez au travail à pied, au lieu de prendre la voiture ou les transports en commun.
9. Organisez-vous mieux pour gagner du temps.
10. Faites de votre pratique sportive un élément essentiel de la journée, au même titre que le brossage des dents.

5. Adaptez votre nouveau mode de vie à votre existence

Mon credo : on ne peut pas vivre avec un pied dans chaque univers. Oui, on peut s'offrir un petit plaisir quotidien, en savourant par exemple quelques carrés de chocolat. Mais ce qui ne marche pas du tout, c'est de se lâcher complètement un jour puis d'être hyperstricte le lendemain. L'idée, c'est que votre nouveau mode de vie doit être votre seul mode de vie (en y réfléchissant bien, l'ancien n'était pas génial : alors, qu'avez-vous à perdre ?). Pour y arriver, une seule solution : tenez-vous à vos objectifs. Donnez-vous les moyens de vous faire à votre nouveau mode de vie.

Laissez-vous un mois pour vous y habituer

Il vous a sans doute fallu dix ans, voire davantage, pour atteindre votre poids et votre niveau de forme actuels. Par conséquent, il y a peu de chances que vous changiez de vie du jour au lendemain... Mettez tous les atouts de votre côté en identifiant vos points faibles ; c'est le meilleur moyen de ne pas retomber dans vos anciens travers.

Pour Jasmine, 29 ans, c'est :

« Le vendredi soir, au bar. Toute la semaine, j'assure, mais le vendredi soir, quand je sors avec mon fiancé et mes amis, je bois jusqu'à être complètement soûle. Ensuite, quand je rentre à la maison, je m'offre un kebab en chemin. »

Barre chocolatée à 16 h, grand bol de café au lait au petit déjeuner ou kebab dévoré à minuit : quel que soit votre point faible, changez vos habitudes pour les adapter à votre nouveau mode de vie.

Faites-vous aider

Il n'y a rien à faire : vous n'y arrivez pas toute seule ? Alors, pourquoi ne pas vous faire aider par un coach en *fitness* ? Non seulement il vous aidera à passer les moments difficiles, mais il vous incitera à tenir bon sur la durée. Mieux encore : trouvez-vous un ou une ami(e) avec qui faire votre programme de remise en forme. Ce « coach » doit vous encourager à travailler plus dur et plus longtemps et doit vous aider à respecter un régime alimentaire équilibré. Ne choisissez pas la bonne copine qui vous emmènera dans le restaurant où on sert votre cuisine préférée, en vous trouvant mille et une bonnes excuses pour justifier un petit écart.

Ne vous flagellez pas

Vous avez passé une mauvaise journée et vous avez fait des écarts ? Relativisez et poursuivez vos efforts, sans jeter l'éponge pour autant. Ce n'est pas parce que vous avez abandonné lors de votre dernière tentative de régime que vous allez échouer à nouveau. En laissant le doute s'immiscer dans votre esprit, en vous disant, par exemple : « Je n'y arriverai jamais », « Je suis nulle en sport / en diététique » ou « Je n'ai aucune volonté », vous vous interdisez de réussir. Décidez plutôt de relever le défi et de faire une activité totalement nouvelle. Vous verrez : ça aide et ça motive sur la durée. Essayez un nouveau sport, innovez chaque jour dans votre alimentation, apprenez à cuisiner, mettez-vous à l'alimentation bio. Bref, faites ce qui vous chante, du moment que vous vous ouvrez à de nouvelles perspectives, sans laisser qui que ce soit vous cataloguer de *looser* (vous y compris). Ils vont voir ce qu'ils vont voir...

Tenez bon

Soyons tout à fait honnêtes : il y aura des jours difficiles. Des jours où les éléments se ligueront contre vous pour vous donner une furieuse envie de boire un verre ou de dévorer une tablette de chocolat ou des jours où des forces intérieures vous pousseront à abandonner. Baisser les bras n'est-il pas plus facile que poursuivre ? Lorsque cela se produira, vous devrez tenir bon. Une bonne solution consiste à tourner le dos à ce qui vous fait envie. Attrapez les clés de chez vous, laissez votre porte-monnaie à la maison et sortez faire une grande promenade. Si ce n'est pas possible, faites-vous couler un bain et plongez-vous-y pendant 15 minutes. Vous n'avez pas le temps ? Alors, mettez la radio à fond et dansez comme une folle dans la cuisine pendant 5 minutes. L'idée est de penser à autre chose. Au lieu de faire une fixation sur ces biscuits au chocolat, dans le placard, forcez-vous immédiatement à penser à autre chose. Et si vous craquez, dites-vous que ce n'est pas la fin du monde. Simplement, n'utilisez pas cet écart comme prétexte pour tout laisser tomber. Au contraire : continuez comme si de rien n'était. C'est ce que l'on fait à long terme qui est important.

6. Le couple et le poids font-ils bon ménage ?

Quand on est amoureux, plus rien ne compte... l'alimentation y compris. D'ailleurs, des études ont démontré que, lorsqu'on tombe amoureux, on peut prendre jusqu'à 5 kilos par an. Ce qui s'explique en partie par le fait que nos sorties s'articulent souvent autour de la nourriture et des boissons. Par conséquent, on augmente petit à petit son apport en calories, sans même s'en rendre compte. Et un jour, le mal est fait : les kilos superflus sont là. Mais j'ai une bonne nouvelle : avec un peu de vigilance vous pouvez empêcher ces kilos de s'installer.

Quelques conseils :

1. Veillez à ne pas aligner vos portions sur celles de votre chéri. Les hommes sont plus grands que nous et ils ont besoin de plus de calories. Votre portion doit être plus petite que la sienne, d'un tiers environ.

2. Si l'alimentation et les questions de poids constituent un problème entre vous, discutez des comportements et des conseils que l'on vous a inculqués à ce sujet, et efforcez-vous de trouver un mode de vie sain convenant à tous les deux.

3. Ne laissez pas Monsieur régenter votre alimentation et votre poids (de votre côté, faites pareil pour lui). C'est le meilleur moyen de provoquer une dispute.

4. Faites du sport à deux. Des études ont démontré que les couples qui transpirent ensemble... restent ensemble !

5. Ne préparez pas deux repas différents. La tentation serait trop forte...

6. S'il tente de saborder vos efforts, parlez-en avec lui et demandez-lui ce qu'il essaie de faire.

7. Perdez du poids et remettez-vous en forme pour vous-même et pas pour quelqu'un d'autre.

8. Si votre homme, lui aussi, a besoin de perdre du poids, proposez-lui de suivre avec vous un programme « remise en forme et alimentation équilibrée ».

Votre corps : plan d'action en quatre semaines

L'objectif de ce plan d'action est de vous proposer un mode d'emploi, pas à pas, pour changer votre corps. Intégrez tous les conseils à votre vie quotidienne, pour qu'ils deviennent naturels.

Voici les trois règles d'or :

1. Faites de l'exercice chaque jour, pendant 30 minutes au minimum.
2. Mangez trois repas et deux en-cas sains par jour.
3. Tenez votre carnet de bord chaque jour.

« À l'école, je détestais le sport. Et puis, à 29 ans, je me suis inscrite dans une salle de gym, pour maigrir, et – ô surprise – j'ai constaté que j'y prenais vraiment plaisir ! Non seulement j'ai perdu du poids, mais désormais je me sens plus forte, physiquement et psychologiquement, et ça, j'adore. En plus, je suis enchantée d'avoir réussi à faire une chose que je croyais au-dessus de mes forces. »

(Agathe, 32 ans)

Première semaine

Lundi

Déterminez vos objectifs à court terme et à long terme (voir le plan de redressement p. 35) et notez-les dans un carnet, destiné au suivi de vos progrès, jour après jour. Ensuite, passez à l'action : (1) faites le vide dans vos placards (jetez tous les aliments mauvais pour la santé) ; et (2) sortez faire une promenade de 30 minutes (à un rythme soutenu), après le déjeuner et le dîner (à faire tous les jours si vous n'avez pas d'autre activité sportive).

Mardi

Commencez à prendre trois repas sains et deux en-cas par jour. Bannissez les boissons alcoolisées et la *junk food* ! Allez faire des courses : achetez seulement des produits sains. Ainsi pourrez-vous planifier vos repas.

Mercredi

Dites-vous que faire de l'exercice est aussi important que d'aller travailler. Cela vous aidera à résister à la tentation de l'oisiveté. Ensuite, trouvez le numéro de téléphone de la salle de gym ou de la piscine la plus proche de chez vous et achetez-vous une vidéo de remise en forme. Ainsi, vous n'aurez plus aucune excuse de ne pas faire un peu d'exercice chaque jour !

Jeudi

Aujourd'hui, goûtez au moins deux nouveaux aliments bons pour la santé. Ensuite, cuisinez un repas avec au moins quatre variétés de légumes (pas de pommes de terre) et une portion de protéines. Votre objectif est de manger cinq portions de fruits et de légumes par jour.

Vendredi

Dressez la liste des gens, des lieux et des activités qui, selon vous, risquent de vous inciter à abandonner votre programme. Trouvez trois parades pour résister à la tentation.

Samedi

Faites le vide dans votre garde-robe, pour préparer l'arrivée de votre « nouveau moi ». Jetez tout ce qui vous rappelle votre ancienne silhouette. Mettez à la poubelle les grands pulls informes et les pantalons amples spécial-camouflage-de-rondeurs. Ensuite, concentrez-vous sur l'apparence physique que vous aimeriez avoir d'ici un mois pour vous motiver.

Dimanche

C'est à l'état brut que les aliments sont les plus sains. Faites une journée « détox », en mangeant exclusivement des légumes crus, des salades, des fruits et des noix. Buvez des jus de fruits (purs fruits) et des infusions. Votre organisme sera purifié pour la semaine.

Deuxième semaine

Lundi

Cette semaine, prenez chaque jour un petit déjeuner, un déjeuner et un dîner faits maison. Préparez le plus d'aliments possible à l'avance. Ainsi, vous prendrez l'habitude de confectionner vous-même vos repas et vous trouverez le temps de cuisiner, même lorsque vous êtes débordée.

Mardi

Faites des courses, en lisant attentivement toutes les étiquettes des produits, pour savoir ce que vous mangez. Préférez les produits frais et crus aux plats cuisinés.

Mercredi

Mangez cinq portions de fruits et de légumes par jour, tous les jours !

Jeudi

Annulez toutes les sorties, synonymes de « tentations », qui risquent de vous faire abandonner votre alimentation équilibrée. Concentrez-vous sur un événement futur (anniversaire, mariage ou vacances) pour vous inciter à tenir bon.

Vendredi

Regardez votre carnet de bord : faites-vous suffisamment d'exercice et à la bonne intensité ? votre forme physique s'est-elle améliorée ? Si ce n'est pas le cas, vous devez travailler davantage ou opter pour une autre activité.

Samedi

Vous commencez à flotter dans vos vêtements ? Au bout de deux semaines, des progrès devraient être visibles. Consultez votre carnet de bord pour connaître vos mensurations de départ et déterminez les progrès accomplis. Vous avez atteint votre objectif en termes de perte de poids ? Alors, offrez-vous une récompense.

Dimanche

Préparez des repas équilibrés que vous stockerez. Cuisinez, puis surgelez les plats ou gardez-les au frigo. Ainsi, vous aurez des repas sains sous la main.

Troisième semaine

Lundi

Fixez-vous un nouvel objectif sportif : courir 30 minutes par jour au cours des deux semaines à venir, réussir à courir 10 km dans trois mois, prendre des cours de boxe ou de salsa, ou réussir à faire 20 pompes sans vous arrêter. À partir d'aujourd'hui, tendez vers cet objectif.

Mardi

Prenez l'habitude de lire la composition des en-cas que vous mangez. Si la liste des ingrédients est aussi longue qu'un roman, évitez-les. Préférez des aliments crus et naturels. Mangez des noix (non grillées et non salées), des fruits, des barres de céréales (en évitant celles qui sont prétendument saines alors qu'elles sont bourrées de sucre).

Mercredi

Trouvez des solutions pour perdre du poids plus rapidement. Absorbez-vous des calories supplémentaires en buvant des jus de fruits ? Si oui, diluez un demi-verre de jus avec de l'eau. Buvez-vous du café au lait ? Si c'est le cas, ayez le réflexe « lait écrémé ». Mangez-vous des hydrates de carbone raffinés (pain blanc, riz et pâtes) ? Si oui, préférez leurs équivalents complets, plus riches en fibres et moins sucrés.

Jeudi

Concentrez-vous sur votre consommation d'eau. Tout d'abord, veillez à boire huit verres par jour. L'eau facilite la digestion, coupe la faim et aide à ne pas grignoter. Ensuite, évitez d'absorber des calories supplémentaires sous forme de boissons gazeuses et alcoolisées : ultra-sucrées, celles-ci ne présentent aucun intérêt nutritionnel.

Vendredi

Changez vos habitudes lorsque vous sortez. Pour que votre nouveau mode de vie devienne une seconde nature, vous allez devoir oublier toutes vos mauvaises habitudes : plats à emporter dévorés à minuit, fritures du week-end, sachet de bonbons (format familial) englouti au cinéma, etc. Pour vous aider, emportez des en-cas au cinéma, ne mangez plus rien après 20 h et préférez les grillades aux fritures.

Samedi

Demandez conseil à vos amies pour savoir comment vous mettre en valeur. Ensuite, allez faire du shopping, pour vous offrir de nouveaux vêtements qui changeront votre image.

Dimanche

Évaluez les progrès accomplis. Voyez ce qui fonctionne pour vous et ce qui ne marche pas. À l'aide de votre carnet de bord, déterminez ce que vous devez changer.

Quatrième semaine

Lundi

Ouvrez-vous à de nouvelles possibilités. Maintenant que vous êtes plus en forme, quels sont les nouveaux objectifs que vous pouvez vous fixer pour booster votre confiance en vous et votre estime de vous : un nouveau job ? une nouvelle relation amoureuse ? ou une nouvelle coupe de cheveux ?

Mardi

Mettez-vous toute nue et regardez-vous attentivement dans la glace. Au lieu de vous examiner d'un œil critique, constatez les progrès : perte de poids, fermeté de la peau, gain en muscles. Quelles sont les zones que vous aimeriez raffermir ? Comment allez-vous procéder ?

Mercredi

Identifiez vos alliés, c'est-à-dire les personnes qui sont dans votre camp. Cela va faire un mois que vous avez commencé votre programme : qui vous a soutenue ? qui ne l'a pas fait ? sur qui pouvez-vous compter pour vous encourager à poursuivre ? Ce sont ces derniers que vous devez voir et avec lesquels vous devez faire des projets.

Jeudi

Notez dans votre carnet de bord comment vous vous sentez depuis que vous avez adopté une alimentation saine et une vie active. Déterminez dix améliorations à apporter à votre vie quotidienne.

Vendredi

Ce soir, lâchez-vous ! Cela fait presque un mois que vous tenez bon. Sortez et faites la fête, en surveillant votre consommation d'alcool et de nourriture, bien sûr. Attention : pas d'abus ! sinon votre corps risquerait de vous le faire payer cher le lendemain.

Samedi

À l'heure qu'il est, vous devriez avoir trouvé votre rythme de croisière. Prévoyez un voyage pour cet été et fixez-vous un nouvel objectif en termes de silhouette.

Dimanche

Vérifiez les progrès accomplis à l'aide de vos vêtements ou d'une balance et voyez le chemin parcouru. Quel que soit le succès obtenu, veillez à rester vigilante pour ne pas retomber dans vos anciens travers. Célébrez votre nouveau moi après vous être fixé de nouveaux objectifs pour le mois à venir !

chapitre 2

Comment avoir un nouveau job en un mois

Vous rêvez d'un job qui vous apportera la fortune et la gloire ?

Ou au contraire d'un boulot sans stress, avec dix semaines de congés par an ? Vous êtes en train de mourir d'ennui au fond d'un placard alors que vous savez pertinemment que vous valez mieux et que vous pouvez faire mieux ? Vous attendez désespérément l'inspiration divine, l'idée de génie qui vous permettra de créer votre propre entreprise ?

Votre travail vous convient-il ?

Quel que soit votre profil, une chose est sûre : votre travail ne vous convient pas parfaitement. En effet, il est rare qu'on se mette à réfléchir à l'orientation qu'on souhaite donner à sa vie professionnelle avant que quelque chose ne cloche. Par conséquent, si votre travail vous prend la tête, c'est sans doute que votre salaire / l'ennui / un désagréable sentiment de ne pas avancer / quelque chose échappant à votre contrôle (réduction d'effectifs, supérieur odieux, déménagement de l'entreprise) vous a incitée à réfléchir à votre devenir professionnel. Bien évidemment, cela ne se fait pas sans mal : changer de métier ou d'orientation n'est pas aisé, surtout s'il faut pour cela recommencer à zéro, perdre son salaire ou entamer une reconversion. La tâche est tout aussi difficile pour celles qui commencent leur vie professionnelle, qui ne savent pas quelles sont leurs compétences ni ce qui les intéresse. Toutes ces considérations vous rappellent-elles vaguement quelque chose ? Rassurez-vous : vous n'êtes pas la seule. Le problème professionnel numéro un de la plupart des gens, c'est qu'ils n'ont pas la moindre idée de ce qu'ils ont envie de faire, ni de ce qu'ils savent faire. C'est ce qui explique qu'ils sont si nombreux à exercer un métier qui ne les passionne que très moyennement.

« Évidemment, pour toi, c'est facile », décrètent souvent mes amis... Oui, il se trouve que je savais ce que j'avais envie de faire. Mais ce que mon entourage ne comprend pas, c'est que je ne suis pas née auteur et que je n'ai jamais senti une pulsion intérieure irrésistible me poussant à écrire. Simplement, j'ai décidé qu'écrire était ce que j'aimais faire et que c'était ce que j'allais faire pour vivre. Et c'est précisément par là qu'il faut commencer : qu'aimez-vous faire ? quelle est l'activité que vous adorez et qui vous procure du plaisir ? La réponse ne vous donnera pas forcément une idée de métier ou de carrière (nous en reparlerons plus tard), mais en sachant ce qui vous plaît, vous cernerez mieux ce que vous devrez rechercher dans un métier.

Le fait est que vous allez passer cinq jours par semaine, pendant environ quarante années de votre existence, à travailler ; c'est dire l'importance de trouver un métier où vous vous sentirez compétente, et efficace, et heureuse. « C'est trop beau pour être vrai », pensez-vous ? Eh bien, pas du tout. Le job parfait pour vous est un job dans lequel vous vous épanouirez car, en définitive, tout est là. Il ne s'agit pas de vouloir faire carrière à tout prix ni d'avoir une ambition dévorante. Simplement, vous devez être prête à accomplir un véritable travail pour déterminer le métier qui vous ira. Tout comme pour vos finances et votre couple, vous allez devoir passer par un cheminement intellectuel et pratique, pour découvrir votre « nouveau moi intérieur » !

Test : quel est votre potentiel professionnel ?

Vous êtes une bosseuse ? quelqu'un de pratique ? une personne qui aime travailler en équipe ? Se connaître parfaitement est essentiel pour trouver le métier adéquat. Le test ci-dessous vous permettra d'avoir une idée plus précise de votre attitude face au travail. Cochez spontanément, sans réfléchir, les réponses qui vous correspondent, puis allez voir les résultats à la page suivante.

1. Comment avez-vous obtenu votre emploi actuel ?

a. « Je suis entrée par la petite porte. » (P)

b. « J'ai vu une petite annonce et je me suis dit : "Pourquoi pas ?" » (TLPH)

c. « Un(e) ami(e) / une connaissance m'a recommandée, mais ce n'est vraiment pas le job de mes rêves. » (R)

d. « J'avais besoin d'argent. » (RR)

2. Un gros projet impliquant un volume de travail considérable est lancé dans votre entreprise.

a. « Je prie pour ne pas faire partie de l'équipe. » (RR)

b. « Je demande si je peux encadrer une équipe. » (P)

c. « Je baisse la tête lorsqu'on demande s'il y a des volontaires. » (TLPH)

d. « Je préférerais ne pas être impliquée. » (R)

3. Vous devez faire une présentation. Comment vous sentez-vous ?

a. « Je suis malade de trac : je déteste être sous les projecteurs. » (TLPH)

b. « Je piaffe d'impatience d'y aller pour leur montrer ce que j'ai dans le ventre. » (P)

c. « Je n'en peux plus de ces présentations. » (R)

d. « Quelle perte de temps ! » (RR)

4. Si vous êtes frustrée au boulot, c'est parce que :

a. « Je déteste travailler. » (RR)

b. « On ne me reconnaît pas à ma juste valeur. » (P)

c. « J'aimerais faire complètement autre chose. » (R)

d. « Je me demande vraiment ce que je fais là. » (TLPH)

5. On vous propose le job de vos rêves. Comment réagissez-vous ?

a. « Je suis ravie : je savais que ça arriverait un jour ! » (R)

b. « Je tombe des nues : si je m'attendais à ça ! » (TLPH)

c. « Je m'inquiète : c'est trop beau pour être vrai. » (RR)

d. « Je me dis : "Enfin, mes efforts ont fini par porter leurs fruits." » (P)

6. Complétez cette phrase : « Je travaille...

a .... pour vivre. » (TLPH)

b .... parce que j'aime ça. » (P)

c .... parce que je ne peux obtenir le job de mes rêves. » (R)

d .... parce que je ne peux pas faire autrement. » (RR)

7. Quelle est votre principale compétence professionnelle ?

a. « Je suis organisée et je sais travailler en équipe. » (P)

b. « Je suis une bosseuse. » (TLPH)

c. « Je suis honnête. » (RR)

d. « Je sais ce que j'ai envie de faire. » (R)

8. Seriez-vous prête à suivre une formation complémentaire pour décrocher le job de vos rêves ?

a. « Non, je suis trop vieille et, de toute façon, ça ne servirait à rien. » (RR)

b. « Oui, c'est toujours intéressant d'acquérir de nouvelles compétences. » (P)

c. « Oui, si mon entreprise continue à payer mon salaire. » (TLPH)

d. « Non, parce que, pour ce job, il faut un talent naturel et pas une formation. » (R)

Résultats

Additionnez le nombre de réponses obtenues dans chaque catégorie : (D), (P), (DR) et (R). Voyez dans quelle rubrique vos réponses sont les plus nombreuses et lisez le résultat correspondant.

Rêveuse (R)

C'est bien d'avoir des rêves, sur le plan professionnel. Ils nous aident à savoir ce que nous avons envie de devenir et à tendre vers notre but. Simplement, lorsqu'on se focalise exclusivement sur le résultat, sans s'intéresser au cheminement, les rêves ont une fâcheuse tendance à ne jamais s'accomplir. Que faites-vous pour passer de votre situation actuelle vers votre situation rêvée ? Vous savez : il est extrêmement rare qu'on aille chercher des gens dans l'obscurité pour leur proposer le job de leurs rêves sur un plateau. Pour arriver à ses fins, il faut une bonne dose de détermination, de persévérance et de discipline. Si vous êtes coincée dans un job purement alimentaire que vous n'aimez pas, vous allez devoir trouver des solutions pour acquérir de nouvelles compétences et donner corps à votre rêve.

Planificatrice (P)

Ultra-organisée, vous faites exactement ce qu'il faut pour gravir les échelons professionnels un à un. Vous vous sentez frustrée en ce moment ou vous avez le sentiment de tourner en rond ? C'est sans doute que vous ne déployez pas tout votre potentiel. Si vous aimez votre métier, c'est peut-être votre emploi actuel qui ne vous plaît pas. L'heure est au changement. Réfléchissez à ce que vous pourriez faire pour exercer le même métier dans d'autres secteurs ou pour vous installer à votre compte. Une autre piste à explorer serait d'exploiter vos compétences actuelles dans un métier totalement différent.

Tombée là par hasard (TLPH)

Comme son nom l'indique, un individu TLPH a atterri là où il est par hasard et ne se demande jamais s'il pourrait faire autre chose. Sans doute vivez-vous pour vos soirées et vos week-ends. Si vous n'avez aucune idée de ce que vous auriez envie de faire professionnellement, ni de ce que vous sauriez faire, c'est certainement parce que vous ne vous êtes jamais accordé le temps ni le droit d'y réfléchir. Dans ce cas, sachez que votre vie sociale et vos loisirs vous livreront probablement des informations intéressantes sur le type de métiers qui pourraient vous plaire. Vous savez : un job peut être très épanouissant et amusant. Si, si... Simplement, il faut se donner la peine de trouver ce que l'on veut réellement.

Rejeteuse (RR)

Vous êtes une rejeteuse. Késako ? Une rejeteuse est quelqu'un qui rejette l'idée qu'un job puisse être une source de satisfaction, avant même d'avoir pris le temps d'y réfléchir. Sans doute est-il rare que vous soyez promue et vos collègues vous reprochent certainement d'être négative lorsque de nouvelles idées et de nouveaux projets sont présentés. L'explication réside peut-être dans des déceptions passées, une frustration actuelle ou des revers professionnels. À moins que vous ne soyez convaincue que, par définition, le *travail* est forcément synonyme d'« ennui ». Si c'est le cas, il est temps de changer de mentalité. Essayez : qu'avez-vous à perdre ?

Reprenez votre job en main ! Travailler pour vivre ou vivre pour travailler ?

Les dimanches soirs vous donnent le cafard ? Vous revivez le week-end ? Et vous sortez presque chaque soir de la semaine ? Alors, vous appartenez sans doute à la catégorie des gens qui travaillent pour vivre. Si, au contraire, vous vous réveillez ravie à l'idée d'aller au bureau et si vous faites volontiers des heures sup' en pensant à votre carrière, il est probable que vous vivez pour votre travail. Que vous vous reconnaissiez dans la première ou la seconde description, une chose est sûre : vous avez entamé la lecture de ce chapitre. C'est donc soit que vous cherchez une nouvelle orientation professionnelle, soit que vous avez été contrainte de réviser vos objectifs professionnels.

Oui, le jour où l'on prend conscience qu'il va falloir changer de job, voire de métier, on se dit souvent que c'est la fin du monde. J'en sais quelque chose : je suis passée par-là. Il y a quatorze ans, j'avais le job idéal, celui dont je rêvais depuis l'âge de quatorze ans. Je gagnais bien ma vie, j'avais remporté différents prix professionnels, et le poste que j'occupais jouissait d'une aura de prestige. Pour couronner le tout, l'équipe avec laquelle je travaillais était extraordinaire et composée de gens sympas, et je voyageais à l'étranger. Alors, que demande le peuple, me direz-vous ? Eh bien, le problème, c'est qu'au bout de trois ans, j'étais au bout du rouleau. J'ai d'abord cru qu'il s'agissait d'une mauvaise passe. Et puis, au bout d'un an de mauvaise passe, je me suis dit que j'avais besoin d'évoluer. J'ai donc décroché une promotion. Encore au bout d'un an, j'ai recommencé à en avoir assez. Et j'ai postulé pour d'autres jobs, en pensant qu'il me fallait de nouveaux défis à relever. Les choses se sont compliquées lorsqu'on m'a proposé un autre job dont je savais pertinemment que je n'en voulais pas.

Là, je me suis posé des questions. Peut-être qu'après tout, le job que j'avais toujours voulu, celui pour lequel je m'étais battue, n'était pas celui qu'il me fallait. J'allais tout plaquer lorsqu'une amie très intelligente m'a donné un excellent conseil : elle m'a dit que je sortais peut-être l'artillerie lourde pour régler un problème infiniment plus subtil. La théorie de mon amie était la suivante : « Je ne détestais pas mon métier, je détestais simplement mon job actuel. » À force de tourner en rond, était-il possible que l'arbre cache la forêt ? Là, j'ai eu une révélation. J'ai cessé de me lamenter et de me plaindre de mon ennui mortel et de mes frustrations, pour comprendre que ce qui me déplaisait, c'était d'être enfermée toute la journée dans un bureau, avec quelqu'un qui me disait d'écrire un article sur tel ou tel sujet, parfaitement soporifique à mes yeux. La solution, comme l'avait compris ma brillante amie, n'était pas d'abandonner mon métier mais de l'aborder différemment. Par conséquent, je me suis installée à mon compte et je ne l'ai jamais regretté.

Ce que j'essaie de vous dire, c'est que, pour être épanouie sur le plan professionnel, il ne suffit pas de trouver le job de ses rêves. Être heureuse dans son métier est un processus continu, qui exige une attention permanente concernant la direction à emprunter et les raisons qui vous incitent à évoluer dans ce sens. Votre métier constitue une partie essentielle de votre existence et va évoluer en même temps que vous. Par conséquent, ce qui vous convient aujourd'hui ne vous ira peut-être plus demain. Attention ! cela ne veut pas dire que vous avez fait des mauvais choix, mais simplement que vous allez devoir en faire de nouveaux.

Étape n° 1 : prenez le temps de savoir qui vous êtes

Le secret pour avoir une vie professionnelle heureuse et réussie ? C'est simple : ce que vous faites doit être en harmonie avec ce que vous êtes. Pour celles qui savent ce qu'elles font bien et ce qu'elles aiment faire, c'est un jeu d'enfant. Le hic, c'est qu'il est rare qu'on prenne le temps nécessaire pour réfléchir à cette vaste question. Et souvent, on accepte le premier job proposé, sans se demander si on peut faire mieux.

Voici quelques signes indiquant qu'il est grand temps de réfléchir à votre devenir professionnel

- Vous vous faites porter pâle, parce que votre travail vous sort par les yeux.
- Tous les jours, vous vous plaignez de votre job.
- Vous vous sentez frustrée en arrivant au bureau.
- À midi, vous êtes déjà quasiment morte d'ennui.
- Vous passez plus de temps à envoyer des mails aux copines qu'à travailler.
- La simple idée que vous allez garder ce job jusqu'à la retraite suffit à vous déprimer.
- Vous ne vivez que pour vos week-ends et pour vos vacances.
- Vous avez envie de gagner plus d'argent, d'avoir plus de perspectives et d'être plus épanouie dans votre travail.

Certes, faire le constat qu'on n'est pas épanouie et heureuse professionnellement est effrayant. Malgré tout, cela vaut la peine de s'interroger : en effet, rien n'est plus démoralisant que de passer ses journées à accomplir un travail qui sape toute confiance en soi. Vous sentez que vous avez une furieuse envie de changer de job ? Dans ce cas, la première chose à faire est de prendre du recul pour vous poser la question suivante :

« Qu'ai-je envie de faire et pourquoi ? »

Quelques réponses possibles :

- « Je n'en ai aucune idée. »

- « Je veux gagner beaucoup d'argent. »
- « Je veux être célèbre. »
- « Je ne veux pas avoir de stress dans mon travail. »
- « Je veux avoir plein de vacances. »
- « Je veux arrêter de travailler. »

Les réponses ci-dessus comptent parmi les plus courantes. L'une d'elles correspond-elle à votre état d'esprit actuel ? Sachez que vous êtes sur la bonne voie, à condition toutefois de prendre cette réponse comme point de départ d'une réflexion, et non comme un simple constat d'échec. Voici comment procéder. Imaginons que vous ayez répondu :

« Je n'en ai aucune idée. »

Cela signifie simplement que, pour le moment, vous ne savez pas ce que vous voulez, faute d'avoir suffisamment réfléchi à la question. Pour cela, reportez-vous aux exercices des pages suivantes.

« Je veux gagner beaucoup d'argent. »

C'est votre motivation ? Alors, mettez-vous en quête d'une activité lucrative, comme le commerce, la banque ou une profession libérale.

« Je veux être célèbre. »

D'accord, mais être célèbre en faisant quoi ? Une fois que vous le saurez, vous pourrez acquérir ou perfectionner cette compétence, pour la valoriser au maximum.

« Je ne veux pas avoir de stress dans mon travail. »

C'est rare, mais ça existe ! Réfléchissez à ce qui vous stresse dans votre travail (les objectifs, les délais) et cherchez des activités qui ne comportent pas ce type d'aspects.

« Je veux avoir plein de vacances. »

Pensez à l'enseignement (14 semaines de vacances par an), à une activité libérale (on s'organise comme on veut), au secteur du tourisme.

« Je veux arrêter de travailler. »

Allons, allons, soyez réaliste ! Même les gens riches travaillent, parce qu'ils savent que personne ne peut passer ses journées à ne rien faire. Optez pour une activité qui vous laisse davantage de liberté, comme le travail en free-lance.

EXERCICE N° 1

Pour déterminer ce qui vous fait vibrer, répondez aux questions suivantes. Prenez tout votre temps et répondez avec précision : ces questions sont essentielles pour trouver un job qui vous convienne.

1. Qu'est-ce qui vous rend heureuse dans votre temps libre ?
2. Quelles sont vos sources de satisfaction en dehors du travail ?
3. Quelle est votre principale qualité/compétence ? (Vous séchez ? Alors, demandez à une amie.)
4. Quel est votre principal(e) défaut/lacune ? (Vous séchez ? Alors, demandez à une amie... courageuse.)
5. Quelle est la dernière chose qui vous a procuré une immense satisfaction professionnelle ?
6. Quel est le job de vos rêves ?
7. Qu'est-ce qui vous empêche d'exercer ce métier ?

Étudiez vos réponses et identifiez les deux principales informations qui en ressortent vous concernant ? Vos réponses révèlent-elles des compétences cachées, auxquelles vous n'avez jamais pensé ? Est-ce que cela vous met sur la voie d'un métier ?

Exemple : Jeanne ; 35 ans ; profession actuelle : secrétaire dans une agence d'intérim.

1. Qu'est-ce qui vous rend heureuse dans votre temps libre ?
« Être en plein air, discuter avec des amis, être créative. »

2. Quelles sont vos sources de satisfaction en dehors du travail ?
« Faire des choses nouvelles, apprendre et profiter au mieux de mon temps libre. »

3. Quelle est votre principale qualité/compétence ?
« Je sais écouter. »

4. Quel est votre principal(e) défaut/lacune ?
« Je m'ennuie facilement. »

5. Quelle est la dernière chose qui vous a procuré une immense satisfaction professionnelle ?
« Qu'on m'ait demandé de faire partie de l'équipe chargée d'un nouveau projet. »

6. Quel est le job de vos rêves ?
« Je ne sais pas. »

7. Qu'est-ce qui vous empêche d'exercer ce métier ?
« Je n'ai pas de compétences particulières. »

Les réponses de Jeanne montrent clairement qu'elle est heureuse lorsqu'elle communique et lorsqu'elle est créative. Comme elle s'ennuie facilement, il lui faut un métier qui bouge. Elle sait écouter : un travail au sein d'une équipe lui conviendrait donc parfaitement.

Contrairement à ce qu'elle croit, elle possède des compétences :

- connaissances de secrétariat ;
- qualités d'écoute et relationnelles ;
- créativité ;
- communication ;
- gestion du temps.

Pour trouver le job idéal, Jeanne va devoir réfléchir à ce qu'elle entend par « être créative » et penser à un métier intégrant toutes les compétences énumérées ci-dessus, comme les relations publiques et le marketing, avant d'adapter ses qualifications en conséquence.

Étape n° 2 : ne soyez pas défaitiste !

Quelque chose me dit que, même après avoir répondu aux questions ci-dessus, vous pensez toujours que le job parfait n'est pas à votre portée. J'ai vu juste ? Alors, dites-vous bien que, non, vous n'êtes pas désespérément négative. Simplement, votre job actuel vous a sapé le moral – ce qui a laissé des séquelles.

Quelle que soit votre situation actuelle – vous êtes morte d'ennui, complètement sous pression, sous-payée et dévalorisée, ou vous occupez tout simplement un poste qui ne vous convient pas –, cela finit forcément, à terme, par entamer votre confiance en vous et votre estime de vous. Cela fait plusieurs années que vous êtes malheureuse dans votre vie professionnelle ? Posez-vous donc les questions suivantes :

1. « Qu'est-ce qui m'incite à rester ? »
2. « Quels sont les bénéfices à retirer en restant dans ce poste ? »

Répondez sans précipitation, en étant parfaitement honnête. Des études ont démontré que, souvent, l'être humain continue à faire des choses qui le rendent malheureux, parce qu'elles lui donnent aussi un sentiment positif dans d'autres domaines de sa vie.

Voici quelques réponses possibles à la question : « Qu'est-ce qui m'incite à rester ? »

- « L'argent. »
- « Au moins, j'ai un travail. »
- « Je ne vois pas ce que je pourrais faire d'autre. »
- « J'ai besoin de gagner ma vie. »
- « J'ai des enfants à nourrir. »

Voici quelques réponses possibles à la question : « Quels sont les bénéfices à retirer en restant dans ce poste ? »

- « Mes amis et ma famille me témoignent beaucoup d'attention et de compassion. »
- « C'est bien payé. »
- « Je sais faire ce travail les yeux fermés. »
- « Je suis sûre de ne jamais me faire licencier. »
- « Personne ne m'empêche de faire des trucs personnels au bureau. »

Abandonnez votre confort

Pour vous sortir de là, vous allez devoir quitter votre zone de sécurité. Changer n'est pas facile mais n'est pas impossible non plus ! Pour peu que le changement soit planifié avec soin (voir ci-dessous), vous ne vous retrouverez ni fauchée ni au chômage.

Pour amorcer le changement, commencez par analyser d'où vous vient votre attitude face au travail. Fouillez dans votre mémoire : comment vos parents travaillaient-ils ? comment parlaient-ils de leur métier ? est-ce qu'ils travaillaient beaucoup pour un salaire de misère ? vous ont-ils incitée à choisir un métier qui vous plaisait ou vous ont-ils répété que le travail n'était qu'un moyen d'arriver à ses fins ? vos parents avaient-ils un job gratifiant ou un travail aliénant ?

Ces réponses sont importantes : elles constituent les fondements de votre vision actuelle du travail. En effet, votre attitude est soit la réplique de celle de vos parents, soit l'opposé.

Pour vous aider dans votre réflexion, posez-vous les questions suivantes :

- Quand vous étiez petite, quels sont les messages, positifs et négatifs, qu'on vous a transmis concernant le travail ?
- Quand vous avez annoncé à vos parents ce que vous aviez envie de faire plus tard, ont-ils réagi de manière positive ou négative ?
- Est-ce que vos parents vivaient pour travailler ou travaillaient pour vivre ?
- Vos parents avaient-ils des attitudes différentes face au travail ?

Voici quelques idées que les parents peuvent transmettre à leurs enfants :

— « Seuls les imbéciles travaillent pour vivre. » (Virginie, 28 ans)

— « Ce n'est même pas la peine d'essayer... Sans piston, on n'arrive à rien. » (Sixtine, 30 ans)

— « Il serait vraiment stupide de viser trop haut et d'essayer de décrocher une promotion. » (Marie, 28 ans)

EXERCICE N° 2

Votre attitude face au travail est-elle à l'image de celle de votre mère, de celle de votre père, ou ne correspond-elle à aucun de vos deux parents ?

1. Notez deux de vos convictions concernant les femmes et le travail :

a.

b.

2. Notez deux de vos convictions concernant les gens qui exercent le métier de leurs rêves :

a.

b.

Changez d'avis !

Vos convictions concernant le travail et vos capacités ne sont pas des faits immuables gravés dans la pierre, mais des idées. Et, à ce titre, elles peuvent évoluer. Voilà une bonne nouvelle ! Ce n'est pas parce qu'on vous a asséné, à la maison, à l'école ou au travail, que vous étiez – mettons – paresseuse, dépourvue de créativité ou pas faite pour un métier donné, que c'est forcément vrai. Une solution, pour faire évoluer vos idées préconçues vous concernant, consiste à sortir de votre zone de sécurité, tous les jours. Commencez par des petites choses : défendez vos intérêts au travail ou essayez une activité nouvelle qui vous a toujours fait peur. Ensuite, vous allez devoir étoffer vos compétences. Par exemple : rien ne sert de vous lamenter sur le fait que vous ne pourrez jamais devenir institutrice parce que vous êtes nulle en maths. Vous avez vraiment envie d'enseigner ? Alors, inscrivez-vous à un cours du soir et comblez vos lacunes. Dressez la liste des compétences qui vous font défaut et entreprenez quelque chose pour y remédier, aujourd'hui même.

Carine, 28 ans, a toujours rêvé de travailler en Italie. Cette jeune puéricultrice sans connaissances en langues étrangères regrettait de ne pas parler l'italien et de ne pouvoir réaliser son rêve. Et puis, à 25 ans, elle a cessé de se lamenter, elle s'est inscrite à un cours du soir ; et un an plus tard, elle partait travailler à Rome.

Jenny, 32 ans, et son mari avaient envie de quitter la ville pour élever leurs enfants à la campagne. Mais Jenny était assistante en ressources humaines pour une société de production télévisuelle et son mari était attaché de presse : leurs activités professionnelles à tous les deux étaient inextricablement liées à la vie en ville. Leur solution : ils ont suivi une formation pour devenir concepteurs de sites Internet. Résultat : un an plus tard, ils partaient s'installer au vert, pour créer leur entreprise de conseil, dans leur nouvelle maison.

Étape n° 3 : donnez-vous un coup de pied aux fesses

L'idéal serait quand même de ne pas attendre qu'une catastrophe se produise pour décider de changer de vie professionnelle. Pourtant, dans la réalité, c'est souvent ce qui se passe. Un bouleversement majeur, un licenciement, un déménagement de l'entreprise ou une situation professionnelle devenue invivable, et hop ! on décide de franchir le pas. Le problème de ce type de scénarios c'est qu'il ne laisse guère le temps de la réflexion. Les dures réalités de la vie, comme le loyer et les factures à payer, nous contraignent à accepter la première proposition de job. Pour le coup, cela vaut la peine de se remettre en question sur le plan professionnel, régulièrement. Toutes les quatre semaines, faites le point : que se passe-t-il dans l'entreprise ? comment vous sentez-vous dans votre métier ? Ainsi :

- Rien ne vous tombera dessus du jour au lendemain, pour bouleverser totalement votre existence.
- Vous pourrez vous efforcer de régler les petits problèmes, avant qu'ils ne deviennent gros et insurmontables.

- Vous pourrez changer de job avant d'être virée ou morte d'ennui.

En envisageant les cas de figure les plus pessimistes (licenciement, faillite de l'entreprise, etc.), vous trouverez peut-être la motivation qui vous faisait défaut jusque-là pour changer. Pour cela, faites l'exercice suivant :

EXERCICE N° 3

Pensez à votre vie dans dix ans :

1. Comment vous sentiriez-vous si vous aviez toujours le même travail ?

2. Quelles en seraient les répercussions sur vos finances, votre couple et votre santé ?

Maintenant, pensez à la situation qui serait la vôtre si vous perdiez votre emploi :

- **Serait-ce facile pour vous de retrouver un nouveau travail ?**
- **Qu'est-ce qui pourrait vous empêcher de trouver un nouveau job ?**
- **Que pourriez-vous faire pour assurer vos arrières pendant que vous avez encore votre emploi actuel ?**

Attention ! le but de cet exercice n'est pas de déclencher une crise d'angoisse existentielle, mais simplement de vous montrer que, pour changer de job ou de métier, un certain dynamisme s'impose. Rien ne sert de rester les bras ballants, en rêvant au jour où l'on vous proposera le job de vos rêves ou à celui où vous découvrirez une annonce extraordinaire dans le journal. Vous allez devoir retrousser vos manches, chercher, investir dans de nouvelles compétences, mettre votre CV à jour, regarder autour de vous, vous concentrer sur ce que vous avez envie de faire et, avant tout, vous bouger.

10 CHOSES À FAIRE POUR ÉVOLUER PROFESSIONNELLEMENT

1. Chaque mois, faites le point et demandez-vous : « Où en suis-je professionnellement ? »

2. Investissez régulièrement dans l'acquisition de nouvelles compétences.

3. Tenez compte des critiques constructives.

4. Prenez des risques mesurés sur le plan professionnel.
5. Visez haut, sans forcément attendre d'être « prête ».
6. Ayez toujours des objectifs à court terme et à long terme.
7. Pensez à ce qui vous rend heureuse dans la vie en général.
8. Pensez à ce qui vous satisfait professionnellement.
9. Entourez-vous du soutien nécessaire.
10. Ne pensez pas uniquement en termes d'argent lorsqu'il s'agit de choisir un job.

Plan de redressement : comment améliorer les choses ?

Ça y est, le constat est fait : tout n'est pas parfait dans votre job actuel et vous aspirez à mieux. Maintenant, il s'agit de voir comment améliorer les choses et comment déterminer l'orientation la mieux adaptée. En examinant les différentes facettes du problème, une par une, vous obtiendrez une meilleure vision d'ensemble.

1. Identifiez vos freins professionnels

Les freins professionnels sont les excuses que vous vous donnez pour ne pas essayer de changer les choses. Sachez que ces freins, qui nous paraissent bien réels, peuvent être surmontés, dans 99,9 % des cas. Mode d'emploi :

« Je n'ai pas les moyens / le temps de suivre une formation. »

Une reconversion n'est pas forcément nécessaire pour changer de job ou de métier. Et si c'est le cas, vous pouvez tout à fait acquérir des compétences à votre rythme : par exemple, en suivant des cours du soir ou par correspondance. Pensez aussi aux congés-formation. Vous manquez cruellement de temps ? Sachez que Stephen King a écrit son premier best-seller alors qu'il travaillait de nuit. Pensez aussi à organiser votre temps différemment : vous pouvez consacrer 1 heure par jour à l'acquisition de vos nouvelles compétences.

« Je suis trop vieille pour repartir à zéro. »

Qui a parlé de repartir à zéro ? Contentez-vous de partir de là où vous êtes maintenant ! Changer complètement de métier est toujours difficile. Si vous n'avez aucune envie de tout recommencer, pourquoi ne pas exercer votre métier actuel dans un autre secteur ? Il est rare qu'un métier soit lié à un seul type d'entreprises. En adaptant vos compétences et votre CV, vous pourriez tout à fait trouver une activité nouvelle et exaltante.

« Je ne supporterais pas le stress lié à un changement de job. »

Vous avez peur de la pression ? Cette peur indique qu'en réalité, vous craignez l'échec. Cette réaction instinctive à un défi survient souvent lorsqu'on a peur de quitter sa zone de sécurité. Pour vous aider, cessez donc d'imaginer toutes les catastrophes susceptibles de se produire (et de vous remémorer celles qui sont peut-être arrivées par le passé) et fractionnez plutôt l'idée d'une reconversion professionnelle en plusieurs petites étapes abordables, que votre cerveau parviendra à gérer plus sereinement.

« De toute façon, je ne décrocherai jamais le job de mes rêves : alors, à quoi bon ? »

Ouh, là, là ! voilà une affirmation qui traduit indéniablement l'influence de l'école de pensée défaitiste ! Des études ont démontré que, si les hommes n'ont généralement aucun mal à postuler pour le job de leurs rêves, indépendamment de leurs qualifications, 90 % des femmes ne se jettent pas à l'eau, en se disant qu'elles ne sont pas suffisamment compétentes.

Une chose est sûre : si vous n'essayez pas, vous ne saurez jamais à quoi vous en tenir. Et vous continuerez à vous dire que vous auriez pu. Ne vous laissez pas impressionner par ce qui vous paraît impossible. Il y a bien des gens qui font le job dont vous rêvez, non ? Alors, pourquoi pas vous ?

« Je suis coincée dans une voie de garage et je ne peux pas en sortir. »

Ce qui veut dire, en d'autres termes, que vous avez trop peur de sortir de votre zone de sécurité. Oui, c'est difficile d'abandonner la sécurité d'un emploi, même si celui-ci vous rend malheureuse. Mais vous ne parviendrez à avancer que si vous vous mettez en danger. Trouvez-vous un « coach » professionnel dans votre cercle d'amis, quelqu'un qui vous incitera à agir au lieu de vous lamenter et à prendre le taureau par les cornes.

« Je n'ai pas de piston. »

Après sa reconversion comme maquilleuse, Carole, 34 ans, a passé dix-huit mois à envoyer d'innombrables CV à des agences, pour décrocher un rendez-vous et un job. Exaspérée par leur silence radio, elle a décidé de court-circuiter les intermédiaires, pour s'adresser directement à des sociétés de production TV. Résultat des courses : elle a été embauchée sur le tournage d'une série télévisée. Moralité : lorsqu'une stratégie ne fonctionne pas, changez-en.

2. Concoctez-vous le job de vos rêves

Pour rebooster une carrière qui s'étiole, envisagez le job de vos rêves comme une recette de cuisine.

Les ingrédients

Quels sont les ingrédients/composants nécessaires pour qu'un job soit parfait pour vous ? Quelques exemples :

- Combien d'heures par jour avez-vous envie de travailler ?
- Combien voulez-vous gagner par an ?
- Recherchez-vous la sécurité de l'emploi ?
- Voulez-vous de l'autonomie ?
- Voulez-vous du glamour ?
- Voulez-vous de la crédibilité ?
- Voulez-vous un job prestigieux ?
- Recherchez-vous des avantages financiers ?
- Avez-vous envie de travailler au sein d'une équipe ?
- Avez-vous envie d'un environnement compétitif ?
- Voulez-vous un job sans stress ?

Quelles compétences possédez-vous ?

Quels sont les ingrédients/composants nécessaires pour qu'un job soit parfait pour vous ?

Vos compétences peuvent recouvrir les domaines les plus divers, comme savoir écrire ou savoir écouter, mais aussi des compétences pratiques. Vous pensez n'avoir aucune compétence ? Alors, demandez à un ou une ami(e) ou à un membre de votre famille de vous aider à en identifier au moins cinq :

1.

2.

3.

4.

5.

Quelles sont les compétences que vous devriez acquérir ?

Nous savons toutes qu'il y a des domaines dans lesquels nos compétences laissent à désirer et mériteraient d'être améliorées. Notez ci-dessous trois nouvelles compétences qui vous seraient utiles :

1.

2.

3.

CATHERINE, 32 ANS, TROIS ENFANTS, VEUT RETOURNER SUR LE MARCHÉ DE L'EMPLOI

Elle travaillait dans le service des ressources humaines d'un magazine, mais elle souhaite changer de métier. Voilà ce qu'elle veut :

- des horaires souples et travailler à la maison ;
- être à son compte ;
- trouver un métier créatif ;
- gagner de l'argent.

Voici ses compétences :

1. Elle a un bon sens relationnel.
2. Elle est dynamique et pratique.
3. Elle a de bonnes connaissances en bureautique.
4. Elle a un bon feeling en matière de design et de détails.
5. Elle a une bonne autonomie.

Voilà les points qui mériteraient d'être améliorés :

1. Elle doit mettre à jour ses connaissances en informatique.
2. Elle doit perfectionner son orthographe et ses qualités rédactionnelles.
3. Elle doit améliorer ses connaissances en comptabilité.

À la lumière de ses réponses, voici quelques pistes d'activités susceptibles de lui convenir : conception de sites Internet, relations publiques, psychothérapie.

Dans vos réponses, soyez honnête et précise. Vous pensez peut-être être créative ou autonome ; mais l'êtes-vous RÉELLEMENT ? Trouvez-vous facilement des idées et des solutions ? D'accord, vous détestez qu'on vous donne des ordres ; mais est-ce que vous savez organiser votre travail de manière autonome et faire preuve d'initiative ? Réfléchissez à ce qui vous convient et à ce qui ne vous convient pas, en développant vos réponses concernant vos compétences et vos envies.

Par exemple :

- En quoi êtes-vous créative dans votre vie quotidienne ?
- En quoi êtes-vous organisée à la maison et au travail ?
- Êtes-vous plus efficace lorsque vous travaillez seule ou lorsque vous travaillez en équipe ? Indiquez un exemple tiré de votre vie sociale ou professionnelle :
- Est-ce important pour vous d'avoir un travail avec des horaires de bureau ou préférez-vous choisir vos propres horaires ?
- Savez-vous travailler en équipe ? Si oui, donnez un exemple :
- Si vous aimez les responsabilités, savez-vous motiver une équipe ? Donnez un exemple :
- Qu'est-ce qui vous déplaît lorsque vous recevez des ordres ?

Ces réponses devraient vous permettre d'avoir une image plus précise de ce que vous savez faire et de ce que vous attendez d'un travail. Aucune piste professionnelle précise ne se dégage ? Alors, voyez ce que vous aimez faire dans la vie. Vos hobbies et vos passions d'enfant sont de bons indices. Une astuce pour trouver une réponse : concentrez-vous sur ce que vous aimez faire, puis demandez-vous pourquoi cela vous procure du plaisir. Ensuite, reste à concilier ce que vous aimez et ce que vous savez faire.

ANNE, 29 ANS, EST ASSISTANTE EN MARKETING DANS UNE CHAÎNE DE PRÊT-À-PORTER, MAIS ELLE A ENVIE DE CHANGER DE MÉTIER

Voici ses réponses :

- « J'adore être en plein air. Au bout d'une journée entière dans un bureau, j'étouffe. »

Conclusion n° 1 : Anne a besoin d'un environnement professionnel diversifié.

- « Je fais du bénévolat dans un refuge pour animaux. »

Conclusion n° 2 : Anne adore les animaux.

- « J'ai un bon sens relationnel, le courant passe bien avec les gens. »

Conclusion n° 3 : Anne est une personne de communication.

- « Au fond, je trouve mon travail vide de sens. »

Conclusion n° 4 : Anne a besoin d'un métier qui lui paraît plus utile.

3. Exploitez les infos recueillies

Maintenant, mettez en pratique tout ce que vous avez appris sur vous-même (compétences, attitude et attentes). Dressez la liste de toutes les activités qui vous intéressent. Il ne s'agit pas de trouver des métiers précis, mais des domaines qui vous attirent : médias, Internet, médecine, banque, enseignement... que sais-je encore ? Attention ! toute réponse du genre : « Je n'y arriverai jamais » ou « Je suis trop vieille pour ça » est formellement interdite ! Contentez-vous de noter les secteurs qui vous plaisent et soyez aussi ouverte que possible. La chose importante à garder présente à l'esprit est que chaque secteur professionnel recouvre des centaines de métiers différents, parfois dont vous n'avez jamais entendu parler. Une fois que vous avez identifié les domaines qui vous intéressent :

Organisez une séance de brainstorming pour trouver des idées

Réunissez un groupe de gens que vous respectez, que vous aimez et qui ont des choses à vous apporter ; en clair, des gens positifs. Souvenez-vous : nul besoin d'opérer des changements radicaux pour modifier l'orientation de votre carrière. Parfois, un tout petit changement suffit : passer dans un autre service, changer de poste au sein de la même entreprise, aborder le même travail différemment. Faites une séance de remue-méninges sur ces pistes de réflexion et d'autres, pour déterminer ce qui pourrait porter ses fruits pour vous et ce qui ne marchera pas.

Trouvez le secteur qui vous intéresse

Ça y est, vous avez une liste de métiers précis dans un domaine donné. Maintenant, allez à la bibliothèque et faites des recherches sur ces métiers pour découvrir ce qu'ils impliquent précisément et quelles sont les compétences supplémentaires nécessaires. Consultez aussi des sites de recrutement sur Internet pour étudier les offres d'emploi dans ces domaines et lisez les petites annonces afin de voir ce que les entreprises recherchent. Gardez l'œil ouvert pour repérer les métiers revenant régulièrement : cela vous donnera une idée de ce qui se passe sur le marché du travail.

QUELQUES PISTES POUR VOS RECHERCHES

- **biographies de personnalités du secteur ;**
- **journaux ;**
- **Internet ;**
- **vos collègues ;**
- **vos amis ;**
- **votre famille ;**
- **les bibliothèques ;**
- **la télévision ;**
- **les librairies.**

Servez-vous de vos contacts (personnels et professionnels)

Maintenant, vous allez devoir discuter avec toutes les personnes de votre entourage travaillant dans le secteur qui vous intéresse. Votre mission est de savoir le plus de choses possible sur ce secteur et de découvrir ce qu'il faut faire pour y entrer. Vous ne connaissez personne susceptible de vous aider ? Alors, demandez un coup de main à des amis d'amis. Vous pouvez aussi contacter (directement ou par e-mail) d'anciens collègues ou des gens avec qui vous avez fait vos études pour leur demander des pistes. Une bonne solution pour contacter rapidement un grand nombre de personnes est d'envoyer un e-mail à tout votre carnet d'adresses en sollicitant vos interlocuteurs de transférer votre demande d'informations à toutes leurs connaissances. Je sais : quand on ne l'a encore jamais fait, reclamer une chose pareille peut donner l'impression que l'on va passer pour une pauvre fille désespérée, mais dites-vous que c'est ce qu'on appelle « activer son réseau » !

4. Passez à l'action

À l'heure qu'il est, vous êtes sans doute dans les starting-blocks, prête à bondir pour dégotter un nouveau job ou pour donner un nouveau tournant à votre carrière. Si c'est le cas, il est temps de vous fixer quelques objectifs. Mais avant de commencer, souvenez-vous que, pour que l'opération porte ses fruits, vos objectifs doivent être réalistes. Vous voulez devenir le personnage principal d'une série télévisée alors que vous n'avez jamais joué la comédie ? écrire un roman alors que vous ne lisez jamais ? ou devenir une rock star alors que vous ne savez ni chanter ni danser ? Euh... ça, ça ne s'appelle pas « un objectif », mais « un rêve ». Bien sûr, on peut réaliser ses rêves, mais pour cela il faut agir. Conclusion : arrêtez de tergiverser et passez à l'action.

Quelle que soit la voie que vous avez décidé de suivre, faites-en une véritable tentative pour décrocher le job de vos rêves. Pour cela, appuyez-vous sur votre recette professionnelle et votre liste de compétences pour faire ce qui suit :

Objectif n° 1 : acquérez de nouvelles compétences et utilisez-les

Pour booster ses compétences, il y a des pistes évidentes (cours du soir, formation professionnelle, etc.) et d'autres qui le sont moins, comme se trouver un mentor. Un mentor est quelqu'un qui peut vous apprendre des choses par observation. Vous ne connaissez personne dans le domaine de votre choix ? Le bénévolat peut offrir des pistes intéressantes. Bon à savoir : certes, il existe des cours pour tout un tas de choses, mais on peut aussi entrer dans un métier sans avoir suivi la formation nécessaire ou sans avoir emprunté la filière classique.

Dans mon entourage, il y a une secrétaire qui est devenue auteur de best-sellers, une styliste de mode qui travaillait dans une épicerie, un ancien photographe reconverti en ostéopathe et un ancien cancre qui est cardiologue dans un grand hôpital.

Objectif n° 2 : classez vos objectifs de carrière par ordre de priorités

Faites une liste. Le meilleur conseil qui soit ? Placez la barre très haut. Si vous attendez d'être prête avant de vous lancer, vous ne passerez jamais à l'action. Pour cela, fixez-vous des objectifs ambitieux (à long terme) et des objectifs de moindre envergure. Dans la première catégorie, mettez ce dont vous rêvez, c'est-à-dire les buts que vous voulez atteindre d'ici un an, voire davantage. Il peut s'agir de l'objectif le plus terre à terre (sécurité de l'emploi) au plus délirant (un salaire à six chiffres et un bureau d'associée).

Parmi les sous-objectifs, classez toutes les petites choses pratiques : mettre à jour votre CV, envoyer des candidatures, vous inscrire aux cours nécessaires, fignoler votre technique en entretien de recrutement, constituer un groupe de soutien composé de personnes qui pourront vous aider, etc.

Retrouvez votre liberté dans votre vie professionnelle !

Trouvez votre moi intérieur et sachez vous vendre.

Découvrir ce qu'on sait faire et trouver les moyens d'en convaincre un futur employeur, rien de tel pour booster sa confiance en soi ! Ajoutez à cela un relooking, l'amélioration de vos performances en entretien, et vous aurez la recette idéale pour atteindre votre objectif.

1. Démarquez-vous

Vous pensez que vous ne savez pas vous vendre ? que vous êtes nulle pour faire passer un message ? et qu'il n'y a pas pire que vous pour montrer ce que vous valez réellement à un employeur potentiel ? Alors, j'ai une bonne nouvelle et une mauvaise nouvelle. La bonne, c'est que tout cela peut changer. La mauvaise, c'est que cela représente du boulot, parce qu'il va falloir TOUT changer.

Eh oui, dans un monde parfait, vos compétences extraordinaires et vos qualifications exceptionnelles vous vaudraient immédiatement le job de vos rêves. Malheureusement, dans la vraie vie, la concurrence est rude, et il y a des tonnes de gens disposant des mêmes compétences que vous. Alors, pour avancer, vous allez devoir vous démarquer.

Pour cela, envisagez-vous comme une marque (eh oui !), qui a quelque chose d'unique et d'exaltant à offrir aux clients. Mode d'emploi : pensez à une marque connue (articles de sport, boisson gazeuse, marque de vêtements, pour ne pas les citer) et demandez-vous ce qui fait que cette marque se démarque du lot alors qu'elle est positionnée sur un marché très concurrentiel.

La réponse est son APD ou « argument publicitaire distinctif ». Pour résumer, c'est l'argument qui vous persuade que c'est le meilleur produit sur le marché, donc celui que vous devez acheter. Bien sûr, en y regardant de plus près, on voit bien qu'en réalité, les APD ne sont pas si distinctifs que ça. Toutefois, l'APD fonctionne, parce qu'il dit au consommateur quelque chose qu'il a envie d'entendre. Pensez donc à ce qu'un employeur potentiel a envie que vous lui disiez.

Pour vous « démarquer », vous allez devoir trouver votre APD. Quand j'ai voulu vendre des articles sur le couple, la santé et l'art de vivre, mon APD à moi était le suivant : j'avais cinq ans d'expérience professionnelle au courrier du cœur d'un magazine.

Lorsqu'elle a postulé pour un emploi de coach en *fitness*, Camille, 27 ans, a constaté que son APD était le fait qu'elle avait longtemps vécu avec un surpoids de 25 kilos. Cela lui a donné un avantage dans son approche des nouveaux adhérents du club de gym, dont elle pouvait comprendre les problèmes. Anne, 34 ans, a trouvé son APD pour postuler à un emploi d'institutrice : sa formation de théâtre. Celle-ci lui a permis de montrer qu'elle savait se débrouiller et être à l'aise devant un « public » d'enfants.

Lettres de candidature

Pour se vendre, il faut savoir écrire de bonnes lettres de candidature. Celles-ci sont le premier contact avec un employeur potentiel mais aussi le meilleur moyen de se griller, sans même avoir un entretien. Parlez-en avec des amis qui recrutent : vous verrez que beaucoup de candidats ne sont jamais convoqués parce qu'ils ne prennent pas la peine de vérifier l'orthographe et la grammaire de leur lettre avant de la poster. D'autres oublient de préciser leurs coordonnées ou l'emploi pour lequel ils postulent.

Dans une lettre de candidature, la première gaffe à éviter est d'écorcher le nom de son destinataire. Ce dernier sera contrarié avant même d'avoir eu votre CV entre les mains. En outre, cette erreur indique que vous n'êtes pas très professionnelle.

J'ai pu me rendre compte moi-même de la non-pertinence de nombreuses lettres de candidature en travaillant à la rédaction d'un magazine pour adolescentes, où j'étais chargée de commander les articles aux journalistes. Je recevais de nombreuses candidatures de personnes qui n'avaient visiblement pas la moindre idée du type de magazine auquel elles s'adressaient. Certaines me proposaient des articles sur des sujets tels que la culture des orchidées, les claquettes ou l'équitation, alors que le magazine parlait de mode et de groupes de musique. D'autres affirmaient « détester les ados » et citaient parmi leurs atouts le fait « d'arriver à l'heure au travail » ou parmi leurs défauts « le vol de fournitures de bureau ». D'accord, d'accord, je sais que, vous, vous n'auriez pas idée de dire des choses aussi bêtes ! Mais il s'agit simplement de quelques exemples illustrant à quel point on peut être à côté de la plaque...

Tenue vestimentaire

Lors d'un entretien d'embauche, le respect d'un certain conformisme vestimentaire a son importance. Vous voulez produire de l'effet ? Alors, faites-le avec vos mots et avec vos qualifications, et non avec votre coiffure, votre maquillage ou vos vêtements. Pour faire une première impression positive, essayez d'avoir le look de quelqu'un qui fait déjà partie de l'entreprise. C'est-à-dire que votre présentation doit être élégante, professionnelle et soignée. Certes, cela peut paraître évident, mais posez la question à des amis qui ont l'habitude de recruter, et vous verrez qu'une bonne moitié des candidats ne respectent pas ce b.a.-ba.

Langage corporel

Maîtrisez votre posture

Vous êtes vautrée ou avachie dans votre fauteuil ? Vous avez les poings serrés ? Vous vous mordez les lèvres et vous fixez vos pieds ? Tout cela est synonyme de « faiblesse » et de « nervosité ». Les personnes penchées en avant, qui gesticulent frénétiquement et qui bougent beaucoup la tête recherchent les conflits. Pour adopter la bonne posture, voici le mode d'emploi : imaginez qu'une ficelle est fixée au sommet de votre tête et qu'elle vous tire vers le haut. Cela permettra à vos épaules de partir vers l'arrière et de s'abaisser. Vous vous redresserez, pour adopter la bonne posture.

Respirez

Quand on est nerveuse, on a tendance à retenir son souffle. Résultat : on se sent mal et la voix chevrote. Commencez par respirer normalement. Si vous sentez que votre voix se casse, expirez : cela vous forcera à inspirer – ce qui rétablira votre voix (si vous commencez par inspirer, c'est l'inverse qui se produira). Pour renforcer votre voix, un bon exercice consiste à lire un texte à haute voix, toute seule ou devant une amie. 5 minutes de pratique quotidienne vous aideront à être moins nerveuse le jour de l'entretien.

Soignez votre entrée

La plupart des gens se font une opinion de leur interlocuteur dans les 20 premières secondes. C'est dire si votre entrée a son importance. Si vous arrivez dans une pièce d'un pas mal assuré, chargée de sacs de courses, en tenant des journaux et un gobelet de café à la main, vous ne donnez pas une image très professionnelle. À l'inverse, évitez d'entrer au pas de charge et de vous jeter sur la main de votre interlocuteur. Évaluez chaque situation au cas par cas. Entrez, regardez les personnes présentes dans les yeux, souriez et dites bonjour. Si on vous tend la main, serrez-la. Sinon, tendez la main, puis asseyez-vous et attendez le début de l'entretien.

LANGAGE CORPOREL

Des études ont démontré que l'on ne juge pas seulement les gens à ce qu'ils disent, mais aussi à leur langage corporel et au ton de leur voix. Par conséquent, dès que vous entrez dans une pièce et que vous ouvrez la bouche, vous transmettez un message qui vient :

- **à 55 % de votre posture ;**
- **à 38 % du ton de votre voix et de votre attitude ;**
- **à seulement 7 % de ce que vous dites.**

2. Préparez-vous

Vous voulez vraiment le job pour lequel vous postulez ? Alors, vous devrez vous préparer. Oui, vous avez effectué tous les exercices ci-dessus et vous avez aussi fait des recherches, en long et en large, sur le métier de vos rêves. Toutefois, vous devez aussi vous préparer à chaque entretien. Pour cela, il faut :

- comprendre les tenants et les aboutissants du job auquel vous postulez ;
- connaître l'entreprise ;
- connaître son APD (c'est-à-dire ce qui vous démarque de la concurrence) ;
- faire des recherches sur les bénéfices, les échecs et les réussites de l'entreprise ;
- réfléchir à ce que vous pourriez apporter à l'entreprise.

À la lumière de tous ces éléments, vous mettrez au point la stratégie idoine pour l'entretien, c'est-à-dire la manière dont vous convaincrez vos interlocuteurs que vous êtes la personne qu'il leur faut. Par exemple, vous parlerez d'un échec ou d'une réussite que l'entreprise a connus et de la stratégie que vous auriez adoptée.

Lors d'un entretien dans un club de gym, Camille, 27 ans, a expliqué qu'elle avait résilié son abonnement à son club, qui selon elle négligeait sa clientèle féminine. Elle a expliqué trois choses que ce club aurait pu faire pour y remédier. Cette stratégie a porté ses fruits, car l'entreprise où elle passait son entretien avait une clientèle féminine à 90 %.

Soyez également prête à répondre aux questions-pièges que certains employeurs utilisent pour voir ce que vous avez dans le ventre :

Question : « Vous avez souvent changé de job ? » / « Vous êtes restée très longtemps dans la même entreprise ? »

Donnez une réponse positive. Si votre CV comporte plusieurs expériences professionnelles courtes, faites-en un plus, en soulignant la diversité de vos compétences. Si vous êtes restée longtemps dans la même entreprise, mettez en avant votre loyauté et la satisfaction que vous apportait votre job.

Question : « Pourquoi souhaitez-vous changer de job ? »

Mettez en avant de nouveaux défis à relever et ce que vous avez à offrir. Veillez à parler de votre emploi et de votre supérieur actuels de manière positive.

Question : « Quels sont vos points forts et vos points faibles ? »

Ne soyez ni trop modeste ni trop sûre de vous pour parler de vos points forts. Attention ! il ne s'agit pas non plus d'énumérer tous vos défauts, ni de faire comme si vous étiez parfaite. L'employeur veut savoir si vous avez conscience de ce que vous valez.

Question : « Qu'attendez-vous en termes de salaire ? »

Prenez la moyenne du marché, plus un petit chouia.

Question : « Pourquoi voulez-vous ce poste ? »

La réponse peut paraître évidente. N'empêche que beaucoup de candidats s'y cassent les dents. Votre réponse doit tenir en une phrase et souligner votre APD.

Question : « Parlez-nous de vous. »

Ici, pas question de déballer votre vie privée ni de réciter tout votre CV ! Profitez plutôt de l'occasion pour résumer rapidement votre parcours professionnel, expliquer pourquoi vous voulez changer de job et présenter votre APD.

3. Maîtrisez les tests psychométriques

Cela vaut la peine de se familiariser avec ces tests. Beaucoup de grandes entreprises demandent aux candidats de se soumettre à divers tests psychométriques, destinés à évaluer les capacités de réflexion. Ceux-ci recouvrent les tests d'aptitude et les tests de personnalité. Les premiers ne visent pas à évaluer vos connaissances, mais vos capacités de raisonnement et votre comportement. Les seconds, eux, fournissent des informations sur la manière dont vous travaillez et sur vos relations avec des tiers.

Familiarisez-vous avec ces tests, car certaines entreprises leur accordent beaucoup d'importance.

N'oubliez pas que :

- Les tests ne constituent qu'un aspect du processus de sélection, et non l'essentiel. Ils sont une source d'informations complémentaire, pas le critère principal de décision.
- N'hésitez pas à poser des questions concernant les tests, à l'avance. Par exemple, si vous avez des besoins particuliers (comme la dyslexie), faites-le savoir à l'entreprise.

4. Sachez ce que vous pouvez attendre de vos employeurs potentiels

Beaucoup d'employeurs maîtrisent mal l'art de l'entretien. Par conséquent, il est fort possible que vous arriviez avec une tonne d'informations à faire passer, mais que personne ne vous pose les bonnes questions. La solution consiste à prendre l'initiative, sans vous contenter de répondre par « oui » et par « non », mais en étoffant vos réponses d'exemples ou en élargissant les questions, de manière à faire passer des infos essentielles. Attention toutefois à ne pas en faire trop : ne monopolisez pas la parole, ne soyez pas trop familière et ne racontez pas votre vie ! Dans vos réponses, essayez de préserver le juste équilibre entre ce que vous avez fait par le passé (compétences et réussites transposables) et ce que vous aimeriez faire à l'avenir (ce que vous pouvez apporter à l'entreprise).

Enfin, sachez poser les bonnes questions. À l'issue d'entretiens d'embauche, il m'est arrivé d'entendre des candidats me demander : « Est-ce que je pourrais avoir un bureau près d'une fenêtre ? », « Est-ce qu'il y a des cafés sympas dans le quartier ? » et « Est-ce qu'on peut prendre sa journée, en cas de gueule de bois ? ». Dois-je préciser que c'est le genre de chose à ne dire sous aucun prétexte ?

Posez des questions permettant de déterminer si le poste vous conviendra. Après tout, le but de l'entretien est aussi de voir si le job vous plaira, à vous. Renseignez-vous, par exemple, sur la culture de l'entreprise, la formation interne, et enfin sur l'étape qui suivra cet entretien.

Votre job : plan d'action en quatre semaines

L'objectif de ce plan d'action est de proposer un mode d'emploi, pas à pas, pour mettre de l'ordre dans votre vie professionnelle.

Voici les trois règles d'or :

1. Tous les jours, faites quelque chose pour votre carrière, ne serait-ce que 20 minutes de réflexion.
2. Si vous n'arrivez pas à faire les exercices toute seule, appelez une amie à la rescousse et demandez-lui d'être votre « coach » professionnel.
3. N'écoutez pas les gens qui n'ont rien de positif à vous apporter.

« Après un gros clash avec mon patron, j'ai dû démissionner de mon job, dans l'événementiel, et je n'arrivais pas à retrouver un autre emploi. Au bout de deux mois sans travail, l'une de mes amies m'a demandé de l'aider pour les préparatifs de son mariage. De fil en aiguille, c'est moi qui ai tout organisé ; et j'ai adoré ça. Le jour du mariage, une invitée, impressionnée, m'a demandé d'organiser la réception qu'elle prévoyait de faire pour ses 30 ans. Le jour de l'anniversaire, j'ai décroché une nouvelle commande, pour un autre mariage. Et voilà, j'avais un nouveau métier : organisatrice de réceptions. J'adore ce que je fais. »

(Carine, 26 ans)

Première semaine

Lundi

Prenez 1 heure pour rêver au job idéal. Notez tout dans un petit carnet. Le job idéal doit recouvrir des compétences que vous possédez déjà, des compétences que vous pouvez acquérir et des choses que vous aimez. Notez tout ce que vous attendez de ce job.

Mardi

Dressez la liste de tout ce que vous détestez dans votre métier actuel, aussi bien sur le plan personnel que pratique. Ensuite, identifiez les problèmes qui seraient résolus si vous changiez de métier et ceux qui seraient réglés si vous acquériez de nouvelles compétences.

Mercredi

Établissez la liste de vos compétences. Vous avez du mal à les identifier ? Demandez à un(e) ami(e) de vous aider. Identifiez les savoir-faire qui auraient besoin d'être mis à jour et cherchez des formations sur Internet.

Jeudi

Quelles sont les compétences totalement nouvelles qui vous seraient nécessaires pour exercer le job de vos rêves ? Si vous ne savez pas répondre, faites des recherches au sujet de ce métier sur Internet et identifiez la marche à suivre pour arriver à votre objectif, en partant de votre situation actuelle.

Vendredi

Si vous ne savez toujours pas ce que vous avez envie de faire, organisez un brainstorming avec des amis. Écoutez leurs suggestions et notez ce qui vous paraît intéressant et faisable.

Samedi

Épluchez les petites annonces des journaux du samedi, puis allez à la bibliothèque faire des recherches sur tous les postes qui vous semblent intéressants.

Dimanche

Réfléchissez au financement de votre formation ou de votre reconversion. Explorez différentes pistes : congés-formation, prêts étudiants, cagnotte à casser. Ensuite, prenez trois décisions : (1) quel job allez-vous vous fixer comme objectif ? (2) quelles sont les compétences que vous allez étoffer ? (3) comment allez-vous faire (1) et (2) ?

Deuxième semaine

Lundi

Entourée de quelques amis, identifiez vos points forts et vos points faibles. Pour vous aider, faites plusieurs tests de personnalité, que vous trouverez sur Internet.

L'idée, ici, étant de vous faire prendre conscience de vos compétences.

Mardi

Demandez conseil à des professionnels (ANPE, conseils en recrutement) concernant votre CV ou demandez à vos amis comment ils s'y prennent pour présenter le leur.

Mercredi

Consacrez toute une soirée à votre CV. Montrez-le à un(e) ami(e) et demandez-lui son avis.

Jeudi

Mettez-vous en quête de formations et d'annonces dans les journaux, sur Internet et auprès d'organismes. Notez tout ce qui vous plaît et rédigez des lettres de candidature.

Vendredi

Aujourd'hui, c'est le jour J : envoyez votre candidature pour un job ou une formation.

Samedi

Faites-vous un week-end «beauté ». Commencez par réfléchir à l'impression que vous voulez donner à un employeur potentiel, puis faites-vous une beauté et composez-vous une garde-robe (spécial entretiens).

Dimanche

Invitez quelques amis à la maison et faites des jeux de rôle pour vous préparer à différents scénarios d'entretiens.

Troisième semaine

Lundi

Envoyez des candidatures spontanées à trois entreprises qui vous plaisent, avec CV et lettre de motivation expliquant ce que vous pourriez apporter à l'entreprise.

Mardi

Pourquoi ne pas contacter un cabinet de recrutement spécialisé dans votre activité ? Il pourra non seulement vous mettre en contact avec des entreprises, mais peut-être aussi vous conseiller sur votre CV.

Mercredi

Activez votre réseau relationnel. Appelez amis et anciens collègues ou envoyez-leur un e-mail, pour voir s'ils ont eu vent d'un job susceptible de vous intéresser ou s'ils peuvent vous introduire dans un secteur qui vous plaît.

Jeudi

Envisagez d'étoffer votre expérience professionnelle par le biais du volontariat ou de stages, ou demandez à quelqu'un de vous servir de mentor. Celui-ci vous conseillera ou vous renseignera lorsque vous ne saurez plus comment progresser ou quand vous serez démotivée.

Vendredi

Vous ne trouvez personne qui travaille dans le secteur de votre choix ? Alors, allez au rayon « entreprises » d'une librairie ou d'une bibliothèque et cherchez des biographies d'hommes ou de femmes d'affaires connus ; ces ouvrages vous donneront des idées intéressantes.

Samedi

Réfléchissez à un plan de carrière à long terme, en pensant à ce que vous voudriez être dans cinq, dix et vingt ans.

Dimanche

Si vous n'avancez pas, faites le bilan du chemin parcouru jusqu'à présent et dressez la liste des gens que vous appellerez demain. Il n'y a pas de mal à passer un coup de fil pour savoir où en est le processus de recrutement.

Quatrième semaine

Lundi

Commencez à vous préparer pour un entretien. Quel est votre APD (argument publicitaire distinctif) ?

Mardi

Faites des recherches sur les entreprises dans lesquelles vous avez postulé. Ainsi, vous aurez les informations sous la main le jour J.

Mercredi

Réfléchissez à la manière dont vous allez présenter vos points faibles professionnels : comment leur donner un éclairage positif ? Ensuite, pensez aux questions à poser au terme de l'entretien.

Jeudi

Ne mettez pas tous vos œufs dans le même panier. Continuez à chercher des jobs ainsi que des formations pour étoffer vos compétences.

Vendredi

Si vous n'avez pas encore décroché d'entretien, réfléchissez à d'autres solutions pour exercer le métier de vos rêves. Pourriez-vous travailler en freelance, postuler auprès d'un sous-traitant, approcher l'entreprise différemment ?

Samedi

Identifiez votre « équipe de soutien professionnel », c'est-à-dire les gens qui vous ont soutenue et encouragée. Réunissez-les et faites un brainstorming pour trouver de nouvelles idées.

Dimanche

Réfléchissez aux compétences restant à acquérir, pour lesquelles vous n'avez encore rien entrepris de concret. Ensuite, passez à l'action !

chapitre 3

Comment avoir de nouvelles finances en un mois

Et si vous remettiez de l'ordre dans vos finances ?

Ah ! les sous, l'argent, les pépètes... Qu'il s'agisse de notre raison de vivre ou de la cause de tous nos maux, nous sommes nombreuses à avoir besoin d'un petit coup de main pour mieux gérer nos finances. Je vous entends d'ici, je suis sûre que vous vous dites : « À quoi bon m'embêter avec de la comptabilité ? Les choses finiront bien par se régler d'elles-mêmes... » Pourtant, il n'y a pas à tortiller : sachez que, si vous ne décidez pas aujourd'hui même de remettre de l'ordre dans vos finances, vos soucis ne s'envoleront pas comme par enchantement. Ce qui veut dire, en clair : pas de jolie maison, pas de vacances exotiques au bout du monde, pas d'économies pour voir venir les anniversaires, les naissances et la retraite.

L'ouverture de vos relevés de compte vous donne des sueurs froides ? L'angoisse vous étreint-elle à chaque fois que vous insérez votre carte dans un distributeur de billets ? Vous ne savez jamais avec certitude combien vous avez d'argent sur votre compte ? Alors, ce chapitre a été écrit spécialement pour vous. Ne vous leurrez pas : ce n'est pas parce qu'aujourd'hui vous vous en sortez, que vos dettes ne vous rattraperont pas tôt ou tard. Un jour ou l'autre, vous devez rembourser l'argent emprunté. Alors, pourquoi ne pas reprendre les choses en main ? Et pourquoi ne pas commencer tout de suite ? Si vous ne le faites pas pour votre avenir, faites-le au moins pour votre tranquillité d'esprit.

Car, en fait, le vrai problème des dettes est son omniprésence dans notre esprit : il est toujours présent, dans un coin de notre tête, prêt à nous tomber dessus comme trois tonnes de briques, pour nous déprimer et nous angoisser. Une chose est sûre : il n'y a pas d'endettés heureux. Les dettes empêchent d'être épanouie et sereine aujourd'hui, mais aussi demain.

Comment assainir vos finances ?

Après ces considérations pour le moins déprimantes, voici une bonne nouvelle : même si la simple notion de gestion d'argent vous angoisse, si la lecture d'un document comptable vous donne la nausée ou si l'état de vos finances vous consterne, vous pouvez agir, et vite. Pas besoin d'être un génie de la finance ni un expert d'envergure internationale pour savoir gérer quelques chiffres et remboursements. Oui, la gestion de vos finances peut être parfaitement soporifique. N'empêche qu'elle est à votre portée. Et pour toute dette, aussi élevée soit-elle, il y a une solution, pour peu que vous soyez prête à changer de comportement et à consacrer un peu de temps et d'efforts à cette question.

L'assainissement de vos finances repose sur une approche en trois temps : premièrement, vous devez prendre la décision de changer vos habitudes ; deuxièmement, vous devez être honnête avec vous-même et troisièmement, vous devez regarder votre situation financière en face. Lorsque ce sera fait, vous aurez déjà accompli un grand pas en avant pour changer votre avenir financier. Quelles que soient les motivations qui vous ont poussée à lire ce chapitre (désespoir complet ou prise de conscience que vous allez droit dans le mur), les lignes suivantes vont vous indiquer comment changer le cours de votre existence et vous faire découvrir votre nouveau moi intérieur, celui qui assure dans la gestion de ses finances.

Test : comment gérez-vous vos finances ?

Avant d'envisager un changement, quel qu'il soit, un état des lieux s'impose. Vous pensez vous connaître sur le bout des doigts et savoir exactement pourquoi vous en êtes arrivée là ? Sans vouloir vous contrarier, il y a de grandes chances pour que vous n'ayez pas une vue d'ensemble de la question. Le test et les exercices suivants sont destinés à vous fournir une meilleure vision de vos rapports avec l'argent et de votre comportement. Cochez spontanément les réponses qui vous correspondent, puis allez voir les résultats aux pages suivantes.

1. Vous venez de passer une journée horrible au boulot. Que faites-vous pour vous remonter le moral ?

a. « Je m'offre une tablette de chocolat / un petit verre. » (E)

b. « Je fais un dîner gargantuesque dans un restaurant branché ou je m'achète quelque chose de cher, de très cher. » (GD)

c. « Je rentre me réfugier sous la couette. » (CF)

d. « Je m'organise une petite soirée sympa à la maison, avec une bonne bouteille de vin, un DVD, un plat à emporter et un stock de nouveaux produits de beauté. » (DE)

2. La dernière fois que vous avez fait chauffer votre carte bancaire en dépassant votre autorisation de découvert :

a. « Il y avait l'anniversaire de Truc et de Machin, et puis un mariage, et des factures inattendues à payer. Heu... et puis il a fallu absolument que j'achète un truc. » (DE)

b. « Je me suis offert des vacances / un cadeau hors de prix. » (GD).

c. « En fait, cela fait un an que je vis au-dessus de mes moyens. » (E)

d. « Je n'ai jamais été à découvert : je ne dépense pas plus que ce qu'il y a sur mon compte. » (CF)

3. Savez-vous combien d'argent il y a sur votre compte actuellement et combien d'argent vous devez ?

a. « En gros. » (GD)

b. « Au centime près. » (CF)

c. « Non. Par contre, je sais quel jour mon salaire est versé. » (DE)

d. « Oui, mais je ne sais pas combien d'argent je dois. » (E)

4. Votre salaire n'est payé que dans une semaine et vous avez besoin d'argent. Que faites-vous ?

a. « Je paie mes achats avec mes cartes privatives. » (GD)

b. « J'explose mon autorisation de découvert. » (DE)

c. « Là, c'est la fin du monde. » (CF)

d. « J'emprunte de l'argent à des amis ou à ma famille. » (E)

5. Avez-vous mis un petit capital de côté pour plus tard ?

a. « Non, mais je compte sur mon héritage pour m'en sortir. » (DE)

b. « Oui : mon bien immobilier. » (GD)

c. « Non, et ça me rend malade rien que d'y penser. » (CF)

d. « Oui, j'ai une petite réserve à laquelle je ne touche jamais. » (E)

6. Que faites-vous pour éviter que vos dettes vous minent le moral ?

a. « Je me dis qu'aujourd'hui, être endetté fait partie de notre mode de vie. » (GD)

b. « Je me rassure en me disant qu'il y a plus endetté que moi. » (DE)

c. « Je n'y arrive pas ! » (CF)

d. « Je pense à mes économies ; même si elles sont moins importantes que mes dettes. » (E)

7. Comment prévoyez-vous de rembourser vos dettes ?

a. « En gagnant au Loto. » (GD)

b. « Je compte sur une rentrée d'argent imprévue. » (DE)

c. « En épousant quelqu'un de riche. » (E)

d. « En surveillant mon budget. » (CF)

8. Comment décririez-vous votre attitude vis-à-vis de vos finances ?

a. « Ça me stresse, au point d'en pleurer parfois. » (DE)

b. « La vie est trop courte pour se prendre la tête avec l'argent. » (GD)

c. « Je croise les doigts pour que les choses évoluent au mieux. » (E)

d. « Je me fais un sang d'encre perpétuellement. » (CF)

Résultats

Faites vos comptes ! Additionnez le nombre de réponses obtenues dans chaque catégorie, puis voyez où vous avez obtenu le plus de réponses. Ensuite, reportez-vous au paragraphe correspondant.

Grosse dépensière (GD)

C'est sûr : vous aimez dépenser de l'argent. Faire de gros achats vous permet de vivre des émotions fortes. Vous êtes sans doute complètement endettée et vous avez aussi abandonné tout espoir d'arriver un jour à éponger vos dettes. Résolument plus cigale que fourmi, vous avez un credo : « Je vis aujourd'hui et je paierai plus tard. » Tout cela, c'est bien beau ; mais avez-vous réfléchi, ne serait-ce qu'un seul instant, à la manière dont vous allez rembourser vos dettes ? Le problème, avec les crédits, c'est qu'un jour, il faut payer. Ne vous bercez pas d'illusions en vous disant qu'un miracle se produira. Ce qui va arriver, ce sont... les huissiers ! Regardez les choses en face : l'heure est venue de payer ce que vous avez dépensé.

Dépensière excessive (DE)

Bienvenue chez les accros du shopping ! Votre manière de vous faire plaisir, c'est de dépenser de l'argent – ce qui vous cause bien des soucis. Que vous essayiez de vous acheter un style de vie ou que vous claquiez de l'argent pour vous remonter le moral, ça, personne ne peut le dire à votre place. Mais une chose est sûre : vous ne pouvez pas vous permettre ce mode de vie extravagant et, au fond de vous, vous le savez parfaitement !

Le vrai problème, c'est que vous n'arrivez pas à (ou vous ne voulez pas) regarder la réalité en face. Il est temps de couper vos cartes bancaires en deux, d'ouvrir tous vos relevés de compte et de faire le total de tout ce que vous avez dilapidé. Vous serez surprise de constater que cela n'a rien de déprimant, au contraire : on se sent toujours mieux quand on prend les choses en main. Toujours pas convaincue ? Alors, la prochaine fois que vous verrez un truc complètement hors de prix que vous aurez une irrépressible envie d'acheter, pesez soigneusement le pour et le contre : d'un côté, les frissons suscités par l'achat, de l'autre, les nuits blanches passées à vous faire du mouron.

Équilibrée (E)

Pour ce qui est de vos finances, vous vivez dans le présent, en composant au jour le jour avec ce que vous avez. D'accord, en fin de mois, il ne reste pas grand-chose sur votre compte. Mais vous savez que votre salaire ne va pas tarder à tomber. Vous arrivez à rembourser vos emprunts et, de temps en temps, vous pouvez même vous offrir une petite folie. Peut-être avez-vous quelques économies ? Mais la grande question est : qu'avez-vous fait pour votre avenir ? Ne comptez pas trop sur l'arrivée d'un Prince Charmant pour garantir votre sécurité financière. Pour être certaine d'avoir de l'argent pour plus tard, il va falloir planifier, économiser et investir. L'heure est venue d'élaborer une stratégie d'avenir.

Complètement flippée (CF)

L'argent vous fait peur, planifier un budget aussi. Quant à la perspective de vous endetter, n'en parlons pas. Peut-être avez-vous l'impression de ne rien comprendre aux paperasseries ou bien vous dites-vous que vous ne savez pas gérer votre argent ? À moins que vous n'ayez été élevée dans le culte de l'épargne et des investissements de bon père de famille, dans un univers où le crédit était synonyme d'« enfer ». Sachez qu'il n'est pas difficile de gérer son argent. C'est tout simplement l'un des nombreux aspects de l'existence, quelque chose que chacun est capable de faire. N'ayez pas peur de vous lancer, même si vous n'y connaissez rien. Formez-vous et apprenez : vous ne le regretterez pas !

Reprenez vos finances en main : faites le point

Si vous êtes « incapable de gérer vos sous », sachez que vous n'aurez pas besoin de coups de bâton ni d'une interminable thérapie pour « guérir ». En revanche, vous allez devoir apprendre à gérer cet argent qui vous file entre les doigts. D'accord, cela peut paraître évident mais, d'expérience, je sais que cela ne l'est pas. Le problème, c'est qu'à moins d'avoir eu des parents doués pour la comptabilité, il est rare qu'on ait appris à gérer son argent.

En théorie, vous savez exactement ce qu'il faut faire : ne pas dépenser plus que ce que vous gagnez et ne pas vivre au-dessus de vos moyens. Toutefois, pour tous ceux qui ont des dettes ou ne savent comment joindre les deux bouts sans être à découvert, le simple fait de faire face aux dépenses courantes peut déjà poser problème. C'est pourquoi opérer un réel changement dans la gestion de ses finances est si difficile ; comme tout changement important d'ailleurs. Non seulement un effort surhumain s'impose pour se défaire de ses habitudes, mais il faut aussi une bonne dose de volonté pour ne pas retomber dans ses anciens travers à la première difficulté. Sachez toutefois que, chaque jour, des tas de gens réussissent à reprendre leurs finances en main, non pas grâce au Loto ni à un héritage providentiel, mais en apprenant, premièrement, à ne pas avoir peur de l'argent et, deuxièmement, à faire fructifier leurs sous.

Pour toutes celles qui n'ont jamais fait leurs comptes de leur vie (calculatrice dans une main, factures de carte bancaire dans l'autre), tout cela peut paraître bien effrayant. Mais dites-vous bien que, pour gérer votre argent, vous n'avez pas besoin d'un diplôme de troisième cycle en finance.

Vous savez faire des additions et des soustractions ? Vous savez utiliser une calculatrice ? Alors, vous saurez gérer votre argent. Mais si ! Vous êtes suffisamment maligne pour faire des virements croisés d'un compte à l'autre pour « combler » vos découverts et pour trouver de quoi manger tout en vous offrant cette sublime paire de chaussures que, non, décidément, vous ne pouvez pas laisser vous échapper, n'est-ce pas ? Alors, vous pourrez faire des économies et vous constituer un portefeuille solide. Comment ? Vous avez la flemme de penser à vos finances ? Alors, sachez simplement que non seulement votre apathie va vous coûter des milliers d'euros, au cours de votre existence, mais qu'elle restreindra aussi vos choix futurs : où allez-vous trouver l'argent pour vous marier en grandes pompes, élever vos chères têtes blondes ou couler de vieux jours heureux, hein ?

Étape n° 1 : évitez la catastrophe !

Si vous êtes dans la panade sur le plan financier, arrivez-vous à prononcer la phrase suivante, à haute et intelligible voix : « J'ai de gros problèmes financiers, j'ai besoin d'aide » ? Est-ce que la simple perspective de dire une telle chose vous rend *nerveuse, malade, angoissée* (rayez la mention inutile) ? Oui ? Alors, vous n'êtes pas la seule. À l'époque où j'étais endettée jusqu'au cou, la dernière chose qui me serait venue à l'esprit aurait été de dire, à qui que ce soit, que j'avais besoin d'un sérieux coup de main pour me sortir du pétrin dans lequel je m'étais fourrée. Certes, je décrétais volontiers, sur le ton de la plaisanterie, que j'étais un vrai panier percé et que j'étais nulle pour gérer mes finances. Mais j'aurais été incapable de dire que j'avais des dettes colossales parce que j'avais dilapidé un argent que je ne possédais pas.

La raison de mon attitude était toute simple : en reconnaissant que j'étais dans la mouise, j'aurais été obligée de réagir, et fissa. Si, comme moi à l'époque, vous en avez assez d'être fauchée comme les blés en fin de mois, assez d'être terrorisée dès que vous découvrez une lettre de la banque dans votre boîte aux lettres, assez de pratiquer la politique de l'autruche quand il faut rembourser, il est temps de regarder votre situation en face.

Voici quelques signes indiquant que vous allez droit à la catastrophe financière :

- Vous vous dites que vous pouvez toujours saisir la Commission de surendettement.
- Vous espérez qu'un jour, vous gagnerez au Loto ou que vous épouserez quelqu'un de fortuné.
- Vous vous répétez qu'il y a des gens dont la situation est pire que la vôtre.
- Vous n'avez pas d'économies ni de plans financiers à long terme.

- Vous avez plusieurs cartes bancaires, plusieurs cartes privatives, un crédit à la consommation, une réserve de crédit permanent et une autorisation de découvert.
- Vous ne remboursez jamais plus que le montant minimum sur votre réserve de crédit permanent.
- Vous ne savez pas précisément à qui vous devez de l'argent ni combien.
- Vous n'avez aucune idée de la somme qu'il y a sur votre compte bancaire.
- Votre mode de vie n'est pas adapté à vos revenus (en gros, vous vivez au-dessus de vos moyens).
- Vous dépensez davantage en sorties, vêtements et vacances, qu'en loyer / remboursement de crédit, factures et épargne.

Oui, admettre l'existence d'un problème n'est pas facile... Mais parlez-en aux gens qui ont assaini leurs finances, et vous verrez que c'est le premier pas vers la liberté. Pour vous aider à démêler le vrai du faux, faites l'exercice suivant :

EXERCICE N° 1

Notez ci-dessous trois choses que vous vous répétez pour vous remonter le moral, concernant l'état de vos finances :

a)

b)

c)

Ensuite, posez-vous les questions suivantes :

1. Ces affirmations sont-elles réalistes ? Par exemple, la valeur de votre bien immobilier est-elle réellement égale au montant de vos dettes ? Y a-t-il réellement une probabilité qu'un miracle se produise pour régler vos problèmes ? Les économies que vous avez placées sont-elles vraiment supérieures au montant de votre découvert ?

2. Que se passerait-il si vous chassiez ces pensées « rassurantes » ? La situation serait-elle pire qu'elle ne l'est actuellement ?

3. Qu'est-ce qui devrait arriver pour que vous regardiez enfin les choses en face : un commandement d'huissiers ? une convocation au tribunal ? Voulez-vous vraiment attendre d'en arriver là ?

Étape n° 2 : cessez de vous répéter que vous méritez bien ceci ou cela

Pas besoin d'être un génie de la finance pour savoir que la plupart des gens endettés ont dépensé un argent... qu'ils n'avaient pas ! Par conséquent, pour assainir vos finances et éponger vos dettes, vous devez définir un budget pour comprendre où part l'argent.

Dans l'absolu, c'est vrai : quiconque travaille dur et paie ses impôts mérite une vie agréable. Mais attention : ce que vous entendez par « vie agréable » doit être en rapport avec vos revenus, sinon c'est la cata ! Vous passez vos vacances dans des palaces cinq-étoiles ? Vous achetez des vêtements de créateurs ? Et vous dînez tous les soirs au restaurant, en payant avec votre carte bancaire ? Alors, vous vivez au-dessus de vos moyens même si vous êtes fermement convaincue de mériter tout cela. C'est une notion difficile à intégrer et encore plus difficile à combattre, surtout si vous adorez cette vie et si vous avez le sentiment qu'elle en dit long sur ce que vous êtes. Si c'est votre ligne de pensée actuelle, un peu d'introspection s'impose, pour déterminer sur quoi repose la conviction que vous méritez tout cela.

Vivre au-dessus de ses moyens est le plus sûr moyen de finir endettée. Le premier pas à faire est de déterminer pourquoi vous en êtes arrivée là, c'est-à-dire, dans la plupart des cas, trouver les origines de votre rapport à l'argent, en fouillant dans votre enfance.

Vous souvenez-vous de la manière dont vos parents géraient leur argent ou dont ils vous conseillaient de le faire ? Avez-vous entendu vos parents se disputer pour des questions financières ? Votre père gérait-il entièrement le budget familial ? Vos parents vivaient-ils au-dessus de leurs moyens ou vous répétaient-ils : « À quoi bon se décarcasser ? Seuls les riches deviennent riches » ?

Ces idées sont importantes car elles constituent les fondements de votre rapport à l'argent. En effet, notre attitude actuelle est soit la copie conforme de celle de nos parents, soit l'inverse totale, en réaction.

POUR VOUS AIDER À RÉFLÉCHIR SUR LE PASSÉ, POSEZ-VOUS LES BONNES QUESTIONS

1. Quelles sont les idées, positives et négatives, qu'on vous a inculquées sur l'argent au cours de votre enfance ?
2. Lorsque vous aviez besoin d'argent pour acheter quelque chose, comment vos parents réagissaient-ils ?
3. Vos parents étaient-ils économes ou dépensiers ?
4. Vos deux parents avaient-ils des comportements différents sur le plan financier ?

En gardant présente à l'esprit la manière dont vos parents géraient et économisaient leur argent, essayez de définir ce qu'ils vous ont inculqué concernant la bonne – ou la mauvaise – gestion de vos finances. Êtes-vous, par exemple, comme Christina, 33 ans, complètement endettée, dont la mère lui a répété : « Ne laisse jamais le manque d'argent t'empêcher d'avoir ce que tu veux », ou comme Alice, 28 ans, dont le père était maladivement économe et qui s'est mis à dilapider de l'argent en quittant la maison, accumulant l'équivalent de plus d'un an de salaire en dettes.

DES IDÉES QUE L'ON VOUS A PEUT-ÊTRE INCULQUÉES

- « Ne dépense pas de l'argent que tu n'as pas. » (Sandrine, 26 ans)
- « Des dettes, tout le monde en a. Il n'y a pas de mal à ça. » (Aline, 30 ans)
- « Fais-toi plaisir, tu le mérites. » (Jeanne, 32 ans)
- « Un seul mot d'ordre : on économise, on économise et on économise encore. » (Emma, 28 ans)
- « C'est aux hommes de gérer l'argent du ménage. » (Claire, 28 ans)
- « Les femmes sont dépensières. » (Christina, 33 ans)

La connaissance des idées reçues sur l'argent qui vous viennent du passé vous aidera à changer vos croyances sur votre capacité à gérer l'argent aujourd'hui. Faites l'exercice suivant pour mettre en lumière vos habitudes de dépenses :

EXERCICE N° 2

1. Est-ce que la manière dont vous dépensez votre argent s'apparente au style de votre mère, à celui de votre père ou à aucun des deux ?
2. Notez ici deux de vos idées concernant les femmes et l'argent :
a.
b.
3. Notez ici deux de vos idées concernant les gens riches :
a.
b.

Sachez que vos idées ne sont pas immuables – ce qui signifie que vous pourrez changer celles qui sont énumérées ci-dessus, tout simplement en prenant conscience de leur caractère erroné. Pour vous aider, vous pouvez lire des ouvrages sur la finance et des biographies de millionnaires ayant bâti eux-mêmes leurs fortunes. Ainsi, vous verrez que tous les gens riches ne sont pas nés riches et que, pour passer de la case « pauvre » à la case « riche », il ne faut pas de la chance, mais une bonne gestion.

Pour faire évoluer vos convictions concernant vos finances et l'argent en général, commencez par vous dire que vous savez gérer le vôtre. En effet, les affirmations que nous nous répétons concernant nos compétences et nos capacités ont un impact majeur. Si vous martelez que vous êtes nulle pour gérer votre argent et que vous ne savez pas respecter un budget, les choses ne changeront jamais.

Étape n° 3 : donnez-vous un coup de pied aux fesses

Personne sur Terre n'a jamais changé sans un bon coup de pied aux fesses. Ce coup de pied salvateur peut provenir d'une source extérieure (une banque, une société de recouvrement, un commandement d'huissier), d'un proche (votre conjoint, votre famille), ou de la conviction soudaine qu'il faut agir, maintenant, là tout de suite, parce que, sinon, il ne se passera jamais rien. Vous cherchez une motivation pour changer ? Et tout ce que vous avez lu jusqu'ici ne vous a pas encore convaincue ? Alors, voilà un moyen en béton pour vous persuader...

L'objectif de cet exercice n'est pas de vous angoisser ni de vous plonger dans une profonde dépression, mais de vous aider à comprendre que vos dettes d'aujourd'hui ont un impact considérable sur la manière dont vous vivrez demain. En vivant au-dessus de vos moyens, vous restreignez sérieusement vos options pour l'avenir. Tout projet, comme l'achat d'un appartement ou même le mariage de vos rêves, est sérieusement compromis. Par conséquent, dès que vous sentez votre volonté flancher, imaginez le scénario le plus pessimiste possible et vous verrez : la motivation reviendra très vite !

EXERCICE N° 3

1. Notez trois choses que vous aimeriez avoir d'ici dix ans. Quelques exemples : une maison, une belle voiture, deux enfants ou – pourquoi pas ? – une montagne de vêtements de créateurs.

a.

b.

c.

2. Maintenant, calculez combien d'argent vous devez au total. Additionnez tout : argent prêté par les amis et la famille, découvert bancaire, crédit « auto », autres prêts, biens en location-vente (même si le taux d'intérêt est bas), cartes privatives (comptez le total, et pas seulement les remboursements minimum), factures à payer (celles qui se sont accumulées et celles qui vont tomber).

3. Ensuite, calculez vos revenus annuels. Notez votre salaire, tout revenu supplémentaire (primes, etc.), les intérêts sur votre épargne, l'argent offert par Mamie pour votre anniversaire, etc. Ajoutez à cela votre épargne.

4. Comparez ce que vous devez et ce que vous gagnez. Alors, est-ce que vos rêves sont prêts de se réaliser ?

5. Si l'exercice n'a pas produit un électrochoc suffisant, poursuivez : déduisez tous vos frais fixes (loyer, sorties, voyages, factures à payer, assurances, etc.) de vos revenus et comparez ce qui reste au moment total de vos dettes.

6. Enfin, même si cela paraît fort improbable, imaginez une seconde que vous vous retrouviez sans travail demain. Comment feriez-vous pour vivre ?

Étape n° 4 : faites-vous un journal des dépenses

Il n'y a pas à tortiller : pour mettre de l'ordre dans ses finances, il faut savoir où on en est, à n'importe quel moment du mois, et pas seulement le jour où les relevés de compte arrivent dans la boîte aux lettres. Attention ! il ne s'agit pas de remplir d'innombrables tableaux, de recruter un comptable, ni même de passer des heures chaque jour à faire ses comptes. Une solution toute simple, pour surveiller son argent, consiste à tenir un journal des dépenses, où l'on note quotidiennement tout ce qui quitte le compte et tout ce qui y arrive.

Mode d'emploi : prenez un carnet, conservez tous vos reçus et tickets de caisse, et commencez dès aujourd'hui, en notant la date du jour et la position de votre compte. Attention : il ne s'agit pas de mettre un montant au pif ! Appelez votre banque et notez un chiffre précis. Si vous commencez avec le mauvais montant, tous vos calculs seront faussés, tout au long du mois.

Au fur et à mesure de la journée, notez tout ce que vous dépensez : les sommes exactes et leur affectation. Cela concerne l'argent retiré dans un distributeur de billets, les emplettes payées avec une carte privative (carte de magasin), les courses réglées par carte bancaire, les factures acquittées par chèque et les prélèvements automatiques. Dans votre carnet, notez où partent vos espèces, qu'il s'agisse d'un ticket de bus, d'un journal, d'une paire de chaussures ou d'un litre de lait.

EXERCICE N° 4

1. Au bout d'une semaine, regardez votre journal des dépenses et voyez si certains schémas s'en dégagent. Par exemple, quel jour vous êtes-vous « fait plaisir » et pourquoi ? Dépensez-vous plus les jours où vous êtes en forme ou les jours où vous n'avez pas le moral ? Vous arrive-t-il d'acheter plusieurs livres à la fois ou d'acheter des plats à emporter parce que vous n'avez pas envie de cuisiner ? Où votre argent part-il et pourquoi ?
2. Quels sont les achats effectués dans la semaine que vous regrettez aujourd'hui ou que vous avez déjà oubliés ? À combien leur montant total s'élève-t-il ?
3. Quelles sont les sorties qui vous coûtent plus d'argent que prévu ?
4. Y a-t-il des factures, des dépenses ou des frais que vous n'aviez pas budgettés ou que vous aviez oubliés, et qui vous ont mise à découvert ?

Savoir pourquoi et comment on dépense son argent est déterminant pour qui veut mettre de l'ordre dans ses finances. Une fois que vous connaîtrez vos points faibles, vous pourrez réagir. En revanche, si vous êtes « à côté de vos pompes », l'argent vous filera entre les doigts, jusqu'à ce qu'il ne reste plus un centime.

Sachez exactement ce que vous faites de vos sous et ce que vous payez pour différentes prestations (nous reviendrons sur ce point plus tard) : il existe mille et une manières d'économiser de l'argent, simplement en prenant conscience de ses habitudes.

Écoutons Anna, 38 ans, endettée chronique

« Si seulement j'avais pu ne pas m'endetter et prévoir tout le mal que cela m'a fait. Adolescente, déjà, je dépensais tout mon argent de poche et les sous durement gagnés grâce à mon job à mi-temps : vêtements, chaussures, sorties, etc. Ce comportement était lié à mon manque d'estime de moi. Je croyais qu'un nouveau jean, une nouvelle coiffure, ou le fait d'être vue au café me permettraient, d'une certaine manière, d'être mieux acceptée, plus cool.

Ensuite, j'ai été happée dans une spirale. J'essayais d'avoir le même train de vie que mon entourage – ce qui m'a valu des dettes que la plupart des autres n'avaient pas. "Pourquoi est-ce que, moi, je ne pourrais pas partir en vacances ou sortir le soir", me disais-je ? Pendant ce temps, mes dettes augmentaient inexorablement. Aujourd'hui, même si j'ai un revenu confortable, j'ai encore du mal à m'en sortir et je cumule deux emplois pour rembourser mes dettes et maintenir mon train de vie.

Mon conseil : ne croyez surtout pas que votre autorisation de découvert et votre réserve de crédit permanent sont de l'argent qui vous appartient. Comme me l'a dit mon banquier, une fois : "Les chèques que vous faites ne partent pas dans une banque dans le ciel... Ils arrivent ici, chez nous !" »

Plan de redressement ou comment ne plus être esclave des ses finances

Ça y est, vous voulez fermement reprendre vos finances en main ? Toutefois, avant de prendre des décisions définitives, sachez qu'il est inutile de faire de l'excès de zèle pour atteindre vos objectifs ! Faire preuve de détermination pour régler ses problèmes, c'est bien. Mais n'exagérez pas non plus : vous risqueriez fort de baisser les bras rapidement sauf si vous avez une volonté absolument inébranlable mais j'en doute (sans vouloir être désagréable !). La clé de la réussite, pour mettre en place des changements durables, c'est de commencer par des petites choses, qui permettront de progresser, lentement mais sûrement, vers votre objectif de liberté financière. Voici comment procéder pour gérer vos dettes :

1. Calculez votre budget pour le mois, pour la semaine et pour la journée

Parfaitement, j'ai bien dit « budget », comme dans « faire un budget » et « se tenir à son budget ». Si ce simple mot suffit à vous donner des sueurs froides, vous n'avez sans doute aucune idée du montant qui transite par votre compte chaque mois. Quant à votre budget pour la journée, n'en parlons même pas. Or, ici, la notion de budget est déterminante. Voici ce que vous allez devoir noter :

Votre budget

Revenu mensuel

Dépenses mensuelles

Dépenses essentielles

Loyer / remboursement emprunt immobilier

Gaz

Électricité

Téléphone

Eau

Charges

Assurances

Impôts

Frais de transport

Remboursements carte privative / réserve de crédit permanent

Remboursement crédit à la consommation

Autres dettes

Alimentation

Autres courses pour la maison

TOTAL

L'argent qui reste une fois que vous avez retiré tout ce qui précède représente votre budget du mois. Divisez-le par quatre pour obtenir votre budget de la semaine : c'est l'argent avec lequel vous devrez payer tout ce qui n'est pas essentiel. Et s'il ne reste pas grand-chose, c'est sur cette partie de votre budget qu'il va falloir rogner.

Dépenses non essentielles

Repas à l'extérieur (y compris déjeuner et cafés)

Boissons (alcoolisées)

Téléphone mobile / Internet

Livres/magazines/journaux

Cinéma/DVD/vidéos/CD

Adhésion au club de gym

Cadeaux

Vêtements

Beauté (y compris coiffeur)

Divers

TOTAL

Pouvez-vous sortir moins ? déjeuner et dîner dans des restaurants moins chers ? emporter votre déjeuner au bureau ? réduire vos achats de fringues et de CD ? aller à la bibliothèque au lieu d'acheter des livres ? ne pas renouveler votre inscription à la gym et changer votre mode de vie de manière générale ? Là, je vous entends déjà hurler : « IL N'EN EST PAS QUESTION ! » Mais le fait est, ma chérie, que, pour retrouver une certaine liberté financière, il va falloir diviser vos dépenses par deux pour que : (a) votre compte soit créditeur, et non débiteur, en fin de mois ; et (b) vous puissiez rembourser vos dettes plus rapidement.

Par exemple, pourriez-vous :

- prendre votre petit déjeuner à la maison, au lieu d'acheter un journal, un café et un croissant en partant au bureau ?

- vous préparer un déjeuner et emporter un livre, au lieu d'acheter un sandwich et un magazine chaque jour ?
- emporter vos en-cas au bureau, au lieu de les acheter sur place au distributeur ?
- vous cuisiner un bon petit plat le soir et regarder la télé ?

Calculez ce que cela vous ferait économiser par semaine et par mois :

Dépense totale par jour =

Dépense totale par semaine = 1 jour × 5 =

Dépense totale par mois = 1 semaine × 4 =

Rassurez-vous : vous n'allez pas devoir mettre en place un plan d'austérité aussi draconien ! Le simple fait de renoncer à votre café-et-croissant-du-matin vous fera déjà économiser pas mal d'argent chaque mois. Vu l'ampleur de vos dettes, vous pensez que ces petites économies ne changeront pas grand-chose ? Sachez que les petits ruisseaux font les grandes rivières et qu'en un an ces économies minimes représenteront un petit pactole.

Si ce plan d'austérité appliqué à vos dépenses non essentielles ne suffit pas à réduire vos dettes, alors il va vous falloir passer à la vitesse supérieure et regarder de plus près votre liste de dépenses essentielles. Votre logement est-il trop onéreux pour votre budget ? Avez-vous une voiture alors que vous pourriez vous en passer ? Payez-vous beaucoup d'intérêts sur vos cartes privatives, découverts bancaires et crédits ? Ce sont ces postes budgétaires que vous devez surveiller pour faire des économies.

Réserve de crédit permanent associée à votre carte bancaire

Avez-vous puisé dans votre réserve de crédit permanent ? Si oui, connaissez-vous le taux d'intérêt pratiqué ?

Débarrassez-vous de vos cartes privatives

Les taux d'intérêt sont considérables sur ces cartes proposées par les magasins. Évitez à tout prix de vous en servir. Coupez vos cartes en deux pour ne plus pouvoir les utiliser et dépêchez-vous de rembourser ce que vous devez, et fissa !

Quel est le montant de vos forfaits « téléphone portable » et « Internet » ?

Appelez votre opérateur et demandez-lui des précisions. S'il vous affirme que vous avez l'offre la mieux adaptée à votre consommation, ne le croyez pas sur parole. Faites le calcul vous-même. Est-ce vraiment indispensable de papoter pendant des heures sur votre portable, à prix d'or, alors que vous pourriez aussi bien appeler de la maison ou, mieux, envoyer un e-mail ? Votre abonnement « Internet » est-il adapté à vos besoins ?

Quel est le montant de vos primes d'assurances « auto », « multi-risque habitation » et « complémentaire santé » ?

Savez-vous ce que vous coûtent vos assurances chaque année ? Vos contrats d'assurance sont-ils compétitifs ? Vérifiez le montant des primes par mois et faites des recherches sur Internet pour voir si vous pouvez trouver moins cher ailleurs.

10 SOLUTIONS POUR ÉCONOMISER ENVIRON 10 % DE VOTRE SALAIRE CHAQUE MOIS

1. Ne sortez pas en semaine ; réservez les sorties aux week-ends.
2. En semaine, cuisinez-vous des repas, tous les soirs.
3. Prenez le petit déjeuner à la maison.
4. Emportez votre déjeuner au travail.
5. Ne louez pas de DVD.
6. Si vous n'allez pas au club de gym plus d'une fois par semaine, résiliez votre abonnement.
7. Utilisez votre téléphone portable en cas d'urgence uniquement.
8. Avant d'acheter quoi que ce soit, demandez-vous si vous en avez vraiment besoin.
9. Faites des échanges de livres et de magazines avec vos amis.
10. Payez vos dépenses en espèces : laissez votre chéquier et votre carte bancaire à la maison.

2. Ne faites pas l'autruche avec vos créanciers

Allons, soyez réaliste : ce n'est pas en ignorant votre banquier et ces horribles lettres envoyées par des organismes de recouvrement que vos dettes disparaîtront. Le fait est que les banques et les sociétés de crédit gagnent beaucoup d'argent en vous laissant vous endetter. Le fait d'emprunter prioritairement à des interlocuteurs « compréhensifs » est un moyen de ne pas regarder en face le montant de vos dettes.

Tout d'abord, il faut savoir que les banques/sociétés de recouvrement deviennent vraiment agressives lorsqu'elles ont le sentiment que vous faites la sourde oreille. Alors, prenez votre courage à deux mains, ouvrez leurs courriers et prenez contact avec elles, pour leur expliquer vos soucis. Si vos créditeurs se montrent très désagréables ou vous facturent des frais excessifs, contactez une association de défense des consommateurs (voir « Adresses utiles »).

Ensuite, répondez honnêtement à cette question : « Avez-vous un plan précis pour rembourser vos dettes ou vous contentez-vous d'espérer qu'un jour tout ira mieux ? »

Le fait de savoir que vos problèmes ont une fin est essentiel pour trois raisons :

1. Cela vous aide à avoir la certitude que vous avez vos finances et votre avenir en main.
2. Cela vous aide à tenir bon dans votre « plan de redressement ».
3. Cela vous empêche de déprimer et de vous répéter que vous êtes nulle.

Mieux encore : cela contribuera à rétablir votre situation financière. D'accord, il faudra peut-être cinq ans pour cela ; mais plus vite vous vous y mettrez, plus vite vous serez débarrassée de vos dettes. Par conséquent, le point de départ, pour votre plan de redressement, consiste à déterminer le montant exact de vos dettes.

Vos dettes

Découvert bancaire

Réserve de crédit

Cartes privatives (cartes de magasins)

Prêts personnels, auprès d'amis ou de membres de votre famille

Crédit-vente

Dettes diverses

TOTAL

Alors, est-ce que le montant : (a) vous choque ? (b) vous donne envie de fondre en larmes ? ou (c) correspond grosso modo à ce que vous pensiez ?

Sachez que, si vous avez répondu (a) ou (b) (ou les deux ensemble), vous n'êtes pas la seule : rares sont les personnes qui prennent le temps de calculer exactement ce qu'elles doivent, par peur de savoir. Or, le fait est que, si vos dettes dépassent vos revenus, vos choix futurs sont quelque peu limités.

Si vos dettes sont colossales, il vous faudra peut-être des années pour les éponger. Aussi tentant que cela puisse paraître, sachez que plus vous pratiquerez la politique de l'autruche, plus vous mettrez longtemps à vous en sortir.

3. Mettez en place un plan de remboursement en établissant un ordre de priorités

J'ai une bonne nouvelle : pour vous débarrasser de vos dettes, vous n'avez pas besoin de gagner au Loto. Vous devez mettre en place un échéancier de remboursement avec des sommes adaptées à votre situation. En revanche, j'ai aussi une mauvaise nouvelle : vous allez devoir serrer la ceinture et vous imposer certaines privations. Il n'y a rien à faire : un plan de redressement financier ne se fait pas sans douleur. Mais dites-vous que cette douleur a de bonnes raisons d'être : elle vous empêchera de recommencer et elle vous permettra de vous concentrer sur votre objectif.

Là, vous êtes prise d'une envie subite de laisser tomber ce livre ? Et vous vous dites que : « Décidément, je ne comprends rien à la situation très particulière qui est la mienne » ou que : « De toute façon, de nos jours, tout le monde a des dettes » ? Accordez-vous quelques minutes de réflexion pour penser aux sentiments que suscitent vos dettes, au stress supplémentaire qu'elles ajoutent à votre vie et à la manière dont elles restreignent vos choix de vie. Alors ?

Attention : oui, j'ai dit qu'il fallait souffrir, mais rien ne sert d'essayer de rembourser 200 euros par mois si cela ne vous laisse qu'avec 10 euros par semaine pour vivre. Avec un plan trop draconien, vous serez non seulement complètement déprimée dès le premier jour, mais vous ne le tiendrez pas plus de deux semaines.

Pour que votre plan de remboursement soit efficace, il va falloir :

- Identifier tout ce que vous avez rayé de votre budget pour rembourser vos dettes et calculer le total des économies réalisées. Souvenez-vous : plus la somme remboursée chaque mois est élevée, plus l'objectif sera atteint rapidement. C'est un peu comme pour un régime : en se privant complètement de chocolat, on mincit plus vite qu'en renonçant à quelques carrés par jour.
- Vous souvenir qu'en vous cantonnant aux remboursements mensuels minimums, vous n'éponGerez jamais vos dettes. Prévoyez des mensualités plus élevées (voir liste des dettes ci-dessous).
- Commencer par hiérarchiser vos dettes. Établissez une liste (épluchez vos relevés), en débutant par les dettes dont les taux d'intérêt sont les plus élevés, et non par la somme la plus importante.

L'objectif est de rembourser le plus d'argent possible là où les taux d'intérêt sont les plus élevés : ce sont ces crédits-là qui vous coûtent le plus cher. Si les taux sont les mêmes partout, commencez par rembourser le prêt le plus élevé. Ainsi, vous réduirez cette dette le plus rapidement possible.

Veillez à payer vos échéances dans les délais. Toutes les banques et sociétés de crédit facturent des pénalités en cas de retard.

Récapitulatif de vos dettes				
Créanciers	**Taux d'intérêt (en %)**	**Montant dû**	**Remboursement mensuel**	**Date prévue pour la fin des remboursements**
Carte privative n° 1				
Carte privative n° 2				
Réserve de crédit permanent 1				
Réserve de crédit permanent 2				
Emprunt				
Découvert				

Vos dettes sont considérables ? Et le plan proposé ci-dessus vous semble impossible à mettre en œuvre ? Alors, il est temps d'envisager la possibilité de prendre un nouveau prêt pour effacer toutes vos dettes afin de rembourser ensuite une mensualité unique. Certains organismes de crédit sont spécialisés dans ce type d'opération. Au final, vous paierez sans doute plus d'intérêts, mais cette méthode portera ses fruits... à condition toutefois de ne pas être tentée de dépenser ou d'emprunter, en vous disant : « C'est merveilleux, je n'ai plus qu'une mensualité à rembourser. » Souvenez-vous que le montant de vos dettes reste le même, que celles-ci soient réparties sur cinq créanciers ou sur un seul.

AVERTISSEMENT !

Lorsque vos dettes diminueront, il est fort possible que l'organisme de crédit devienne soudain extrêmement aimable et vous propose des offres alléchantes pour vous inciter à prendre de nouveaux crédits : par exemple, une autorisation de découvert plus importante ou une nouvelle carte. Vous êtes « une si bonne cliente » ! Soyez ferme : l'idée, c'est d'éponger vos dettes, pas de vous enfoncer davantage. Dès que vous avez fini de rembourser, résiliez la carte (de toute façon, vous l'avez déjà coupée en deux depuis longtemps, non ?).

4. Soyez réaliste quant à votre épargne et vos placements

Est-ce que vous êtes du genre à avoir 15 000 euros de dettes, tout en étant parfaitement zen parce que vous avez 5 000 euros d'économies ?

Désolée de vous contrarier, mais sachez qu'en réalité, vous n'avez pas d'argent de côté. En fait, vous avez 10 000 euros de dettes, sans compter les intérêts. Par conséquent, il est parfaitement inutile d'avoir des sous de côté si, par ailleurs, vos dettes ne cessent d'augmenter chaque mois.

S'il est essentiel d'avoir des réserves correspondant au montant de deux loyers ou de deux traites (pour y arriver, mettez 10 % de vos revenus de côté, en commençant tout de suite : voir ci-dessous), rien ne sert d'avoir davantage d'économies si, à côté de ça, vous avez des dettes. La priorité, c'est de réduire votre endettement. C'est cela, et non vos économies, qui améliorera votre situation. Donc, l'heure est venue de regarder vos placements de plus près. Un placement est un investissement qui vous rapporte de l'argent (si vous n'en avez pas, ne vous en faites pas ; vous verrez ça plus tard : voir le paragraphe « Retrouvez votre liberté... », plus bas).

Déterminez le montant de votre patrimoine

Votre patrimoine	
Placement	**Valeur**
Bien immobilier (prix actuel sur le marché) *	
Économies	
Plan « épargne »	
Actions	
Assurance « vie »	
Divers (par exemple, bijoux)	

* Un bien immobilier est un placement. Toutefois, sa valeur dans votre patrimoine correspond à votre apport et au montant que vous avez remboursé, à savoir l'argent qui restera si vous vendez le bien et si vous remboursez le crédit restant.

5. Apprenez à vivre raisonnablement

Autrement dit : ne vivez pas au-dessus de vos moyens ! Sachez identifier ce qui vous pousse à dépenser et maîtrisez ces impulsions avant qu'elles ne vous empoisonnent l'existence. C'est non seulement le secret du bonheur, mais cela vous évitera aussi de vous réveiller en nage à 3 h du matin, en vous faisant un sang d'encre sur la situation de vos finances.

La plupart des gens s'endettent parce qu'ils achètent ce dont ils ont envie et non ce dont ils ont besoin. Prenez Justine, 35 ans. Elle gagne 28 000 euros par an, elle a emprunté 4 000 euros sur sa réserve de crédit permanent et elle est régulièrement à découvert. Au lieu de se serrer la ceinture, Justine conduit une voiture luxueuse, elle s'offre une pédicure, un massage et un soin du visage tous les mois, elle passe ses vacances dans des palaces cinq-étoiles et elle porte des vêtements de créateurs ; le tout à crédit.

Vous vous dites : « Et pourquoi ne pourrais-je pas avoir ce qui me fait plaisir, là, maintenant, tout de suite ? Je n'ai pas envie d'attendre d'avoir 60 ans pour m'offrir une belle voiture et une belle montre. Je veux vivre maintenant. Advienne que pourra. »

« La vie n'est vraiment pas juste » : voilà le credo de tous ceux qui rêvent d'une existence qu'ils ne peuvent se permettre. Pour vivre plus confortablement, voici quelques pistes :

Augmentez vos revenus

Pour cela, vous pouvez trouver un second job ou bien un nouveau job. Une autre possibilité consiste à entamer une formation pour exercer un métier plus rémunérateur. Accroître ses revenus est également la meilleure solution pour rembourser ses dettes plus rapidement. Pourquoi ne pas prendre un job dans un bar le soir, travailler comme serveuse, à la réception d'une salle de gym ou même faire du baby-sitting ?

Réduisez vos dépenses là où ça fait le moins mal

Vous voulez passer des vacances de luxe à l'étranger ? Alors, réduisez votre budget « vêtements » ou « sorties », ou bien vendez votre voiture et réduisez votre train de vie.

Remboursez vos dettes

Désolée, on en revient toujours à la même chose. Mais rien ne vous rapprochera plus vite de la vie souhaitée que l'effacement de vos dettes. Une fois que vous ne devrez plus d'argent :

- vous aurez de l'argent pour vous faire plaisir ;
- vous aurez un apport pour un achat immobilier ;
- vous aurez de l'argent pour vous marier ;

- vous aurez de l'argent pour élever un enfant ;
- vous aurez de l'argent à dépenser, en pouvant apprécier pleinement ce que vous venez d'acheter ;
- vous aurez de l'argent pour faire preuve de générosité, sans vous en mordre les doigts ultérieurement ;
- vous aurez de l'argent à mettre de côté pour plus tard ;
- vous pourrez envisager l'avenir avec sérénité ;
- vous serez moins stressée par les « et si ceci », « et si cela » ;
- vous pourrez enfin faire des projets, car vous aurez les moyens de les concrétiser.

6. Sachez à quoi vous en tenir concernant le couple et l'argent

L'amour est plus fort que tout... Peut-être. Mais cela ne restera pas longtemps le cas si vous ne pouvez pas parler d'argent avec votre cher et tendre sans vous disputer. Êtes-vous sur la même longueur d'onde sur le plan financier ? Avez-vous la même façon d'économiser, de dépenser et de planifier les choses ? Si la réponse est « oui », sachez que vous faites partie d'une toute petite minorité. Des études ont démontré que l'argent est la première source de conflit au sein du couple. Ce qui n'a rien de surprenant : à moins d'avoir eu rigoureusement la même éducation que son conjoint, deux systèmes de valeurs et deux manières de gérer l'argent s'affrontent au sein d'un couple.

Janine, 35 ans, explique que son mari et elle se disputent perpétuellement pour des questions d'argent :

« Le problème est que nous avons deux manières totalement différentes de dépenser notre argent. Moi, j'économise et je paie mes factures quand elles arrivent. Lui, il serait plutôt du genre à vivre aujourd'hui et à payer demain. Il considère qu'il n'a pas à changer sa manière de vivre pour moi. Or, ses dépenses ont des répercussions sur ma vie. Nous ne pouvons pas nous permettre de déménager dans une maison plus grande, et je ne peux pas arrêter de travailler pour m'occuper des enfants parce que ses dettes sont considérables. Résultat : c'est moi qui fais bouillir la marmite. »

Hannah, 32 ans, a le problème inverse. Très endettée, elle ment à son mari :

« Je cache toutes mes nouvelles acquisitions, dans les placards ou sous mon lit. Quand Stéphane me demande : "Tiens, c'est nouveau ?", je fais comme si c'était un vieux vêtement qu'il n'avait jamais remarqué. Je crois qu'il sait pertinemment que je mens. Mais pour la paix des ménages, nous faisons l'un et l'autre comme si de rien n'était. Jusqu'au jour où les relevés de compte arrivent. Là, il pique une crise. C'est devenu un rituel, qui se répète tous les mois. »

L'amour et l'argent ne font pas toujours bon ménage

Surtout lorsqu'une cigale vit avec une fourmi, ou si l'écart de revenus entre les époux est important. Dès qu'on parle d'argent, on se met sur la défensive, on se met en colère ou on se braque, chacun se disant qu'il fait ce qu'il veut de son argent. Or, si vous avez l'intention de construire quelque chose ensemble, il faudra tôt ou tard vous mettre d'accord sur ces questions. Lisez avec attention les conseils suivants :

1. Entendez-vous sur le fait que votre avenir financier est une entreprise commune, dont vous assumerez tous deux la responsabilité, à parts égales. Si vous pensez que la gestion des finances est une affaire d'homme, revoyez

vos positions. Que cela vous plaise ou non, l'époque où seule une personne subvenait aux besoins du ménage est révolue.

2. Discutez des idées et des conseils en matière d'argent qui ont marqué votre enfance, et trouvez un terrain d'entente sur lequel vous construirez la stabilité financière de votre famille.

3. Ne partez pas du principe que l'un de vous a raison et que l'autre a tort. L'objectif est de mettre de l'eau dans son vin et de concilier les deux points de vue.

4. Mettez-vous d'accord sur le fait que vos dettes sont une mauvaise chose, car elles restreignent vos choix futurs. Prévoyez un plan de remboursement qui permettra de les éponger.

5. Ne mettez pas tout votre argent en commun, simplement parce que vous êtes en couple. Envisagez d'ouvrir un compte « épargne » commun et un compte courant pour les dépenses du ménage. Toutefois, chacun doit aussi assumer la responsabilité de l'argent et de ses dettes.

6. Partagez les responsabilités ; n'assumez pas la fonction de ministre des Finances simplement parce que vous savez gérer l'argent ou bien ne baissez pas les bras parce que vous n'êtes pas douée.

7. Si vous avez des enfants ou si vous envisagez d'en avoir, parlez de vos projets les concernant. Souhaitez-vous qu'ils fassent des études universitaires ou prévoyez-vous de les mettre à la porte quand ils auront 18 ans ? Avez-vous réfléchi au mode de garde ? Pouvez-vous vous permettre d'arrêter de travailler pour les élever ? Voulez-vous avoir la possibilité de le faire si l'envie vous en prenait ?

8. Qu'en est-il de votre retraite ? Prévoyez-vous de partir à l'étranger pour vivre de l'assurance « vieillesse » (si la réponse est « oui », pensez à revoir vos projets) ou bien avez-vous un plan « retraite » que vous alimentez régulièrement ?

Retrouvez votre liberté par rapport à l'argent : gagnez de l'argent et épargnez

Pour remettre vos finances d'aplomb, un seul mot d'ordre : é-co-no-mi-sez ! Ainsi, vous prendrez un bon départ, tout en vous rendant compte de l'argent que vous dilapidiez en achats inutiles. Même si vous n'avez qu'une toute petite somme à mettre de côté chaque mois, le moindre centime compte et contribue à alimenter votre cagnotte.

1. Créez des richesses en épargnant

Vous vous demandez : « À quoi bon épargner ? » Sachez que, premièrement, vos économies vous apporteront de la sécurité financière. Sans réserves, comment pourriez-vous concrétiser vos projets ? L'argent mis de côté va non seulement vous permettre d'améliorer l'état de vos finances, mais il vous aidera également à façonner l'avenir dont vous avez envie.

Par conséquent, mettez en place une stratégie financière, l'idéal étant d'avoir un portefeuille avec des objectifs à long terme (retraite) et à court terme (maison et vacances).

Mode d'emploi :

Commencez à mettre de l'argent de côté

L'idéal est d'épargner chaque mois 10 % de ce qu'on gagne. Vous avez manqué défaillir en lisant cette phrase ? Alors, économisez ce que vous pouvez, même si la somme est infime. L'idée, c'est de prendre l'habitude de mettre de l'argent de côté. Épargner doit devenir un réflexe aussi naturel que dépenser de l'argent.

Épargnez des petites sommes

Des études ont démontré que la plupart des gens ont moins de mal à épargner s'ils fractionnent les montants. Ainsi, 200 euros par mois ne représentent que 50 euros par semaine, soit 7 euros par jour. Pouvez-vous trouver 7 euros par jour dans votre budget actuel ?

Achetez « intelligent »

Économisez de l'argent en achetant intelligemment. Voyez s'il y a des offres intéressantes sur Internet, achetez pendant les soldes (attention ! n'achetez que ce dont vous avez réellement besoin), et partez du principe que, si vous avez déjà trois jeans, vous n'en avez pas besoin d'un quatrième. Sachez ce que vous payez pour le téléphone, l'assurance et votre plan « épargne-retraite » (eh oui, certaines compagnies vous facturent des frais de gestion de compte pour épargner !). En découvrant où passe votre argent, vous économiserez au lieu de gaspiller.

Alimentez votre compte « épargne » avec un prélèvement automatique mensuel

En fait, on peut devenir aussi accro à l'épargne qu'au shopping ! Ah ! le doux plaisir de voir grossir son CODEVI, mois après mois... Pour éviter d'avoir à y penser tous les mois, faites un prélèvement automatique qui alimentera votre compte « épargne » le jour où votre salaire est versé. En plus, le jour où vos dettes seront remboursées (ce jour viendra, vous verrez), vous pourrez prendre les 200 euros que vous remboursiez chaque mois pour les ajouter à votre épargne. Cet argent, vous n'en avez pas besoin ; mais si, vous venez de passer X mois sans le dépenser !

Pensez en termes d'épargne à long terme et à court terme

Demandez conseil à n'importe quel spécialiste financier (ou personne riche de votre entourage) : il vous confirmera qu'il existe différents types d'épargnes, selon la nature de l'objectif – court, moyen ou long terme. Le long terme est, par exemple, un fond de retraite, tandis que l'épargne à moyen terme permet d'avoir un apport pour l'achat d'une maison ou des réserves en cas de licenciement. Le court terme, quant à lui, sert à financer des vacances, une nouvelle voiture, une télévision ou une tenue de rêve.

Investissez prudemment

Prenez des risques mesurés, c'est-à-dire des risques que vous pouvez vous permettre. Oui, les actions et les SICAV sont d'excellents moyens de gagner de l'argent, à condition de savoir ce que l'on fait. Certes, la perspective de boursicoter est tentante ; mais est-ce que vous pouvez vous permettre de perdre de l'argent si les cours chutent ? Si la réponse est « non », demandez systématiquement conseil à un courtier indépendant avant d'acheter des actions.

Investissez dans l'immobilier

L'immobilier reste le meilleur investissement à long terme qui soit, à condition toutefois de ne pas se surendetter, d'acheter le bien à sa valeur sur le marché et de ne pas espérer qu'il double de valeur en un an. L'immobilier est un investissement judicieux, car il prend de la valeur et, à terme, il vous fera gagner de l'argent. En moyenne, fixez-vous pour objectif de rester au moins trois à cinq ans dans le logement que vous avez acheté. Votre critère principal, lors de l'achat, doit être l'emplacement du bien. Ne rêvez pas : il est impossible de transformer une ruine en palais, surtout quand on n'est pas bricoleur ou qu'on n'a pas l'argent pour financer des travaux. N'espérez pas non plus gagner de l'argent rapidement en achetant un bien dans un pays lointain dont vous ne savez pas grand-chose. Dernier point : l'époque où l'on pouvait gagner beaucoup d'argent en achetant et en revendant des logements est révolue. Oui, votre bien va prendre de la valeur avec le temps, mais c'est un investissement à moyen terme ou à long terme.

2. Familiarisez-vous avec la notion de stabilité financière

La richesse ne vient pas du montant qui figure sur votre fiche de paie. Non : elle vient de l'argent que vous ne dépensez pas. Continuez à bougonner que ce n'est pas 30 000 euros par an qui vous donneront du confort financier, et cela n'arrivera jamais. Vous rêvez d'une situation financière stable ? Commencez par vous demander ce que cela signifie pour vous : « avoir un million d'euros à la banque », « être propriétaire de votre maison », « avoir remboursé votre emprunt immobilier », « ne pas avoir de dettes ». La réponse varie d'un individu à l'autre. Vous seule pouvez dire ce que cela implique pour vous.

Sachez une chose : vous pouvez, même si vous disposez de petits revenus, mettre une somme rondelette de côté en épargnant régulièrement. J'en sais quelque chose : autrefois, je dépensais tout l'argent qui restait une fois que j'avais payé mon loyer et mes factures – il me semblait que cet argent était là pour être dépensé. Et puis un jour, en faisant du shopping dans un quartier chic de la ville, j'ai rencontré une vieille connaissance, qui était assistante de direction. Quelle n'a pas été ma surprise d'apprendre que cette femme, qui gagnait le quart de mon salaire, vivait dans une jolie maison du quartier !

Il se trouve que, pendant que, moi, je faisais des folies dans les magasins en faisant chauffer ma carte Bleue, elle mettait 100 euros de côté chaque mois, depuis ses 18 ans. Petit à petit, elle a augmenté le montant de son épargne mensuelle, à laquelle venait s'ajouter chaque prime ou rentrée d'argent imprévue. Puis un placement judicieux lui a permis de doubler son épargne. Résultat : à 33 ans, elle avait un apport conséquent pour acheter la maison de ses rêves.

Le pire, c'est que cette épargne n'avait pas été obtenue au prix d'années de privation. Simplement, cette femme avisée a fait preuve de plus de rigueur que la plupart d'entre nous. Elle a lu des livres sur les placements, elle a demandé conseil à des spécialistes et elle s'est initiée à l'art des investissements, le tout en ayant un objectif bien précis à l'esprit.

Elle a réussi à s'acheter la maison de ses rêves avec son petit salaire : il n'y a donc pas de raison que vous n'y arriviez pas. Quel que soit votre objectif, informez-vous sur les placements. Vous trouverez une foule de renseignements dans les journaux et sur Internet. Vous pouvez aussi acheter un livre sur le sujet. Il suffit de prendre la décision de s'intéresser à ces questions pour amorcer un processus qui, à terme, conduira à votre confort financier.

Vous ne savez pas par où commencer ? Alors, posez-vous la question suivante : « Ai-je la vie que je veux ? » Si la réponse est « non », demandez-vous : « Que dois-je faire pour arriver au résultat désiré ? »

« Pour m'en sortir, je jongle en permanence, jour après jour. Je fais des chèques croisés d'un compte à l'autre, j'emprunte, je demande une autorisation de découvert plus importante. Je connais toutes les ficelles... »

(Sarah, 28 ans)

10 SOLUTIONS POUR CESSER DE DILAPIDER VOTRE ARGENT

1. Payez en espèces : ainsi, vous matérialiserez mieux les sommes dépensées.
2. N'achetez plus rien sur un coup de tête. Lorsque vous voyez quelque chose que vous devez ABSOLUMENT acquérir, quittez le magasin et laissez la nuit vous porter conseil.
3. Évaluez tout ce que vous vous apprêtez à acheter selon une échelle qui va de 1 à 10, pour déterminer si vous en avez vraiment besoin. En dessous de 7, bas les pattes !
4. Avant d'acheter quoi que ce soit, demandez-vous si vous avez vraiment besoin d'un autre X (jean, pull, maillot de bain).
5. N'allez pas faire d'achats avec des amies qui vous incitent à dépenser votre argent.
6. Revoyez votre définition d'une *affaire*. Un achat n'est pas une « affaire » si on n'en a pas réellement besoin ; quel que soit son prix.
7. Ne sortez pas faire du shopping quand vous êtes déprimée ou quand vous vous ennuyez. Dépenser de l'argent ne vous remontera pas le moral ; en tout cas, l'effet ne durera pas plus d'une demi-heure.
8. Évitez de passer vos week-ends à faire les boutiques, par habitude. Trouvez-vous un nouveau hobby. Vous verrez : c'est fou ce qu'on économise.
9. Ne laissez pas les vendeurs ni les publicités vous pousser à la consommation. Souvenez-vous qu'on ne peut pas s'acheter un mode de vie.
10. Quand vous sortez faire du shopping, laissez votre chéquier et votre carte bancaire à la maison.

Plan d'action en quatre semaines pour améliorer vos finances

L'objectif de ce programme est de remettre de l'ordre dans vos finances, en procédant progressivement. Pour ce mois, les trois règles d'or sont les suivantes :

1. Intégrez chaque conseil à votre vie quotidienne, pour qu'il devienne une seconde nature.

2. Notez toutes vos dépenses, jour après jour.
3. Payez en espèces.

« J'ai appris à gérer mes sous, simplement en faisant attention. Cela m'a permis d'économiser 100 euros dans l'année sur mes factures de mobile. J'ai aussi surveillé ma consommation d'eau, d'électricité, et de chauffage. Total des économies : 500 euros dans l'année. Je fais très attention en faisant mes courses. C'est sidérant, les écarts de prix qu'il y a d'un magasin à l'autre... Autrefois, j'étais accro au shopping. Maintenant, je suis accro aux bonnes affaires. Au passage, j'ai gagné des centaines d'euros... »

(Anne, 31 ans)

Première semaine

Lundi

Coupez en deux toutes vos cartes bancaires, sauf une. C'est votre « roue de secours », pour les situations d'urgence. Conservez-la à la maison, et non dans votre portefeuille. Achetez-vous un petit carnet et notez-y chaque dépense, jour après jour.

Mardi

Prenez 1 heure pour faire le point à l'aide de vos relevés de compte, relevés de cartes privatives, échéanciers de crédit, etc., afin de déterminer le montant précis de vos dettes.

Mercredi

Établissez un budget, avec vos rentrées et vos sorties d'argent, à l'aide des informations collectées mardi.

Jeudi

Mettez en place un échéancier de remboursement pour payer toutes vos dettes... dans des délais réalistes.

Vendredi

Étudiez votre carnet de dépenses et voyez où vous pouvez commencer à les réduire. Décidez trois points sur lesquels vous ferez des économies, dès demain.

Samedi

Faites un grand rangement. Parmi les choses dont vous ne voulez plus, voyez ce que vous pouvez vendre et ce que vous allez donner. Pour vendre, pensez à *eBay*, aux dépôts-ventes ou aux vide-greniers.

Dimanche

Voyez si vous avez besoin de l'aide d'un professionnel pour venir à bout de vos dettes. Cherchez sur Internet les coordonnées d'un interlocuteur à consulter.

Deuxième semaine

Lundi

Retirez des espèces pour la semaine (à prévoir dans votre budget) et laissez votre carte bancaire et votre chéquier à la maison. Vous n'allez dépenser que ces espèces.

Mardi

Faites un grand plein au supermarché, sans acheter de plats cuisinés. Prévoyez plutôt des petits déjeuners à prendre à la maison et des déjeuners à emporter au bureau.

Mercredi

Essayez de ne rien dépenser de la journée, hormis les choses nécessaires (comme le transport). L'idée est de prendre l'habitude de ne pas dépenser d'argent.

Jeudi

Résiliez tous les abonnements qui ne sont pas indispensables, comme le club de gym, les magazines ou des assurances inutiles (attention : pas votre plan « retraite » !).

Vendredi

Regardez votre forfait « mobile » de plus près et voyez s'il existe une offre plus intéressante.

Samedi

Sortez faire des courses avec des amies, mais avant d'acheter quoi que ce soit, demandez-vous si vous en avez vraiment besoin. Attribuez à l'article que vous avez repéré une note allant de 1 à 10. En dessous de 7, pas touche !

Dimanche

Écrivez un courrier à votre banque, pour demander que vos emprunts et crédits soient débités le jour où vous touchez votre salaire.

Troisième semaine

Lundi

Regardez à nouveau votre carnet de dépenses et déterminez où se situent vos points faibles. S'agit-il des sorties du samedi soir ? des achats-impulsions en période de syndrome prémenstruel ? des fringues ? Voyez comment vous pourriez vous attaquer au mal par la racine.

Mardi

Regardez vos factures et voyez quel est le mode de paiement le mieux adapté : règlement par prélèvement, mensualisation, etc. Voyez également si un changement de prestataire permettrait d'économiser de l'argent (pensez notamment aux opérateurs de téléphone).

Mercredi

Pensez à des solutions pour augmenter vos revenus. Cela vaut-il la peine de prendre un second job pour rembourser vos dettes ? ou bien de changer de travail ?

Jeudi

Réfléchissez à vos objectifs. Notez trois choses dont vous aimeriez être propriétaire d'ici cinq ans. Maintenant, trouvez des solutions pour y arriver.

1.

2.

3.

Vendredi

Changez d'habitudes lorsque vous sortez. Cessez d'offrir des tournées et mangez à la maison avant de sortir. Cela vous évitera d'exploser votre budget « sorties ».

Samedi

Établissez une liste d'activités qui ne coûtent rien et demandez à vos amis de vous aider à vous y tenir. Il n'y a pas de honte à reconnaître que vous devez changer de train de vie.

Dimanche

Trouvez deux nouveaux loisirs qui ne coûtent pas d'argent, mais qui permettent de sortir de la maison.

Quatrième semaine

Lundi

Réfléchissez au montant que vous pouvez épargner : la moindre somme compte, même si elle est inférieure à 50 euros. L'idée est de prendre l'habitude de mettre de l'argent de côté.

Mardi

Ouvrez un compte « épargne » et alimentez-le par virement automatique, le jour où votre salaire arrive sur votre compte courant.

Mercredi

Si vous n'avez pas encore de plan « retraite », envisagez d'en ouvrir un.

Jeudi

Attention aux cadeaux ! Ne péchez pas par excès de générosité. Donnez dans la limite de vos moyens et planifiez les cadeaux à faire.

Vendredi

En cas d'écarts ou de « rechute », ne vous découragez pas. Il suffit de reprendre les choses en main et de revoir votre budget, en tenant compte de vos « dérapages ».

Samedi

Prévoyez un voyage pour l'été prochain, dans la limite de votre nouveau budget, et commencez à mettre de l'argent de côté chaque semaine.

Dimanche

Faites-vous plaisir (attention : dans les limites de votre budget !) : vous l'avez mérité. Vous êtes en bonne voie pour devenir la reine de la gestion de patrimoine !

chapitre 4

Comment avoir de nouvelles amours en un mois

Et si vous aviez le bon mode d'emploi ?

Que vous soyez désespérément amoureuse, désespérément à la recherche du Prince Charmant ou désespérément en train d'essayer de vous dépêtrer d'une histoire, une chose est sûre : l'amour joue un rôle essentiel dans votre vie, comme dans celle de tout être humain. Il affecte toute notre existence, de notre mode de vie actuel à nos projets d'avenir en passant par nos finances. Vous êtes célibataire et vous désirez plus que tout au monde rencontrer l'homme de votre vie ? Dans ce cas, il est peut-être utile de rappeler qu'être amoureuse n'est pas la garantie d'une vie heureuse et sereine.

Désolée de vous ôter toutes vos illusions, mais faire fonctionner un couple est un travail de tous les instants. Même lorsque la relation est de qualité, il faut du temps, des efforts et de nombreux compromis pour la faire durer. En effet, des efforts colossaux sont indispensables pour permettre à deux individus de concilier leurs visions du monde, leurs expériences ainsi que leurs objectifs actuels et futurs. Bien sûr, si vous avez de la chance, votre Prince Charmant aura la même vision du monde que vous. Toutefois, il est rare que les choses soient aussi simples...

Écoutez donc ce que disent tous ceux qui ont vécu des échecs sentimentaux : ils parlent immanquablement de cœur brisé, de trahison, et de confiance en soi ébranlée, mais aussi de comportements bizarres chez l'autre et d'actes incompréhensibles. Je suis bien placée pour en parler : il m'est arrivé d'être une vraie furie, surveillant les moindres faits et gestes de mon homme, le harcelant de SMS pathétiques du genre : « J'ai besoin de toi. » Mais j'ai aussi souffert du comportement d'un homme qui était trop demandeur. Et puis, durant une longue période de ma vie, je suis restée célibataire, clamant haut et fort que j'avais envie de rencontrer quelqu'un, tout en décrétant qu'untel ou untel n'était décidément pas l'homme de ma vie, parce qu'il raffolait d'une boisson ringarde ou que sa coiffure ne me plaisait pas. Et enfin, je suis tombée amoureuse de quelqu'un qui m'aimait autant que je l'aimais.

Quelqu'un vous attend quelque part

J'ai une bonne nouvelle : mon parcours n'a rien d'exceptionnel. Pour 99,9 % des êtres humains sur Terre, il y a quelqu'un, quelque part, qui est le bon (ou la bonne). Toutes celles dont le couple bat de l'aile ou qui sont malheureuses en amour seront sans doute rassurées d'apprendre qu'il existe des solutions pour régler les problèmes sentimentaux. Avant tout, commencez par vous demander exactement ce que vous voulez et pourquoi. Attention : la réponse « J'ai envie d'être amoureuse » ne suffit pas ! Dites plutôt que vous avez envie d'être aimée et d'aimer, qui plus est par quelqu'un qui vous apprécie à votre juste valeur et qui sera à vos côtés durant les moments difficiles. Comme dans les autres domaines de votre vie (vos finances, votre job, et même votre corps), vous allez devoir utiliser diverses compétences pour atteindre cet objectif, à savoir communiquer, écouter, séduire et aimer, pour améliorer la qualité de vos relations avec autrui.

Alors, quelle que soit la raison qui vous ait poussée à ouvrir ce chapitre (cœur brisé ou prise de conscience que vous avez besoin d'un coup de main), voici comment améliorer les choses :

Test : quel est votre profil amoureux ?

Une fois que l'on sait ce qu'on attend de son homme et comment on se comporte avec lui, la marche à suivre pour faire fonctionner son couple est plus facile à déterminer. Le test et les exercices suivants vous aideront à avoir une vision plus claire de votre attitude vis-à-vis de votre vie amoureuse. Cochez spontanément les réponses qui vous correspondent, puis consultez les résultats à la page suivante.

1. Si vous étiez célibataire, envisageriez-vous de répondre à une petite annonce ?

a. « Non, c'est vraiment réservé aux cas désespérés. » (HE)

b. « Non, ce n'est pas par ce biais qu'on rencontre le grand amour. » (I)

c. « Oui, l'amour est un jeu de hasard. Pour gagner, il faut jouer. » (R)

d. « Je l'ai déjà fait plusieurs fois. » (EC)

2. Quand vous tombez amoureuse, vous vous dites :

a. « Ça y est, j'ai rencontré l'âme sœur. » (I)

b. « On va se marier. » (HE)

c. « Je me demande combien de temps ça va durer. » (R)

d. « Qu'est-ce qu'on s'ennuie ! » (EC)

3. Lorsque vous vous disputez avec votre chéri, vous vous dites :

a. « Ça y est, tout est fini entre nous. » (HE)

b. « Nous ne sommes pas faits l'un pour l'autre. » (I)

c. « Je déteste les conflits. Ça m'ôte toute confiance en moi. » (R)

d. « Je n'ai vraiment pas besoin de ça. » (EC)

4. Croyez-vous au concept d'« homme de votre vie » ?

a. « Non, il y a plein d'hommes avec qui je pourrais être heureuse. » (R)

b. « Non. La vie s'est chargée de me détromper. » (EC)

c. « Oui, absolument. D'ailleurs, j'attends de le rencontrer. » (I)

d. « Seulement quand je suis amoureuse. » (HE)

5. À quoi ressemble l'homme idéal pour vous ?

a. « Il est beau, riche et musclé. » (HE)

b. « C'est quelqu'un qui me ressemble. » (R)

c. « C'est quelqu'un qui est l'opposé de moi. » (EC)

d. « Je n'en sais rien, mais je sais qu'il existe. » (I)

6. Une fois passé la « lune de miel », que se passe-t-il ?

a. « Je ne suis plus amoureuse. » (I)

b. « Je m'en vais. » (EC)

c. « Je suis plus à l'aise. » (R)

d. « Je commence à devenir exigeante. » (HE)

7. Votre dernière rupture était due :

a. « Au fait que nous voulions des choses différentes. » (R)

b. « À une infidélité. » (EC)

c. « Au fait qu'il ne m'appréciait pas à ma juste valeur. » (HE)

d. « Je n'en sais rien. » (I)

8. Il n'appelle pas alors qu'il avait promis de le faire. Vous vous dites :

a. « Il a perdu mon numéro. » (I)

b. « Il est avec une autre. » (EC)

c. « Il m'a oubliée. » (HE)

d. « C'est un gros nul. » (R)

Résultats

Additionnez tous les résultats obtenus dans chaque catégorie, puis reportez-vous au paragraphe correspondant.

Idéaliste (I)

Vous cherchez l'âme sœur qui permettra à tous vos rêves de se réaliser. Ma chère, se pourrait-il que vous idéalisiez très légèrement l'amour ? Le romantisme, c'est très bien. Mais sachez qu'il est parfois l'ennemi juré de l'amour. Ce que je veux dire, c'est que c'est le meilleur moyen de ne jamais tomber amoureuse. La bonne nouvelle, c'est qu'en abandonnant cet idéalisme forcené, vous rencontrerez rapidement quelqu'un qui vous convient (et pas quelqu'un dont vous rêvez). Souvenez-vous : personne n'est parfait à 100 % et personne ne peut vous adorer tout le temps. Si vous êtes en couple, une révision à la baisse de vos attentes quant à ce que l'amour peut apporter vous aidera peut-être. Non, l'amour ne gommera pas votre gueule de bois, il ne résorbera pas votre découvert, et il ne vous rendra pas heureuse si vous ne l'êtes pas déjà. Ne confiez pas la responsabilité de votre bonheur à quelqu'un d'autre, pour le rejeter en constatant qu'il n'est décidément pas à la hauteur de vos attentes.

Rationnelle (R)

Le moins qu'on puisse dire, c'est que vous n'êtes pas du genre à vous marier sur un coup de tête ni à prendre des décisions précipitées. Cependant, une fois que vous êtes amoureuse, vous faites une conjointe loyale et dévouée. Le problème, c'est que, si votre moitié vous fait un coup qui vous déplaît, vous le rayez définitivement de votre vie. En matière d'amour, c'est tout l'un ou tout l'autre. Cette approche peut avoir des effets dévastateurs dans une vie amoureuse car elle ne laisse aucune place au pardon, à la négociation ou à la construction. Acceptez l'idée que l'amour relève parfois du parcours du combattant. Cela vous permettra de lâcher du lest par temps difficile. Si vous êtes célibataire, faites attention, lorsque vous rencontrez quelqu'un, à ne pas analyser à outrance son comportement, avant de décréter que décidément, non, ce n'est pas l'homme qu'il vous faut. Laissez-vous le temps de voir si l'homme en question vous plaît et fiez-vous à votre instinct. Ne décortiquez pas toutes ses paroles, tous ses actes et toutes ses tenues vestimentaires. Parfois, cela vaut la peine d'écouter son cœur, et non sa tête.

Hyper-exigeante (HE)

En amour, vous êtes une véritable tornade, qui peut paraître impitoyable à ceux qu'elle laisse sur le carreau. Ultra-exigeante, vous pouvez donner l'impression à l'autre que, dans votre couple, il n'y en a que pour vous. Oui, c'est très bien de savoir ce qu'on veut. Mais pour qu'une relation soit de qualité, il faut aussi savoir être à l'écoute des besoins de sa moitié. L'amour est un processus à deux sens. Or, on a tôt fait de tomber dans une relation où l'un reste dans l'ombre de l'autre, en se contentant de donner. À long terme, ces relations sont vouées à l'échec, car elles ne peuvent évoluer. Si vous êtes du genre exigeante, veillez à donner autant que vous prenez.

Éternelle célibataire (EC)

Vis-à-vis de vos amis, vous faites comme si les aventures d'une nuit, les passades et le statut de célibataire ne vous déplaisaient pas. Mais au fond, vous aspirez à l'amour et à la stabilité. En même temps, vous faites tout pour que cela n'arrive pas. Pour créer davantage d'intimité dans vos relations amoureuses, vous devez : (1) laisser l'autre vous aimer pour ce que vous êtes réellement, en vous montrant sous votre véritable jour ; et (2) apprendre à faire confiance. Vous devez faire confiance à l'autre, mais aussi à vous-même. Si cela fait longtemps que vous vivez ainsi, la transition risque d'être difficile, car on juge souvent les autres à l'aune de ses propres actions. Ainsi, si vous avez trompé quelqu'un par le passé ou si vous vous êtes ennuyée à mourir en couple, vous partirez du principe que les autres feront de même. Pour briser ce cycle, déterminez l'origine de votre méfiance et de votre envie de papillonner, avant de partir à la recherche de l'amour.

Reprenez votre couple en main : que signifie l'amour pour vous ?

Que pouvez-vous faire pour améliorer le fonctionnement de votre couple ? Qu'est-ce que l'amour et que signifie-t-il pour vous ? Pour les uns, c'est le frisson de la rencontre, celui qui donne une envie irrésistible de se jeter sur l'autre. L'*amour* peut aussi être synonyme de « cœurs », de « roses » et de « dîners aux chandelles ». Pour d'autres, l'amour, c'est la rencontre avec un être qui vous comprend parfaitement. Le couple, c'est encore autre chose. Il peut être énervant, excitant, heureux, malheureux, synonyme de « compromis », ou bien un cocktail de tout cela et de bien d'autres choses encore. Quand j'étais plus jeune, l'*amour* et le *couple* étaient pour moi synonymes de « montées d'adrénaline » et de « fantaisie ». Ma première expérience de l'amour a été un gros coup de cœur pour une pop star maquillée et sans voix. Ensuite, j'ai reporté mon affection sur la coqueluche de toutes les filles de l'école. Le jeune homme en question ne connaissait même pas mon nom... Pourtant, j'ai passé des mois et des mois à rêver de lui. Par la suite, j'ai fait des choix encore plus délirants : le copain de fac qui trichait aux examens, l'alcoolique qui me répétait : « Ne t'inquiète pas, je gère », l'aspirant rock star totalement velléitaire – qui est d'ailleurs toujours serveur à l'heure qu'il est – et le surfeur blond abusant de substances illicites, doublé d'un mythomane.

Je suis aussi sortie avec un homme qui voulait m'offrir une voiture de sport, un autre qui a composé des chansons pour moi et d'autres encore qui m'ont poursuivie de leurs assiduités bien après notre rupture. Pendant la durée de mon idylle avec ces messieurs, je jurais à qui voulait m'entendre que j'étais au septième ciel, mais je finissais immanquablement par me retrouver dans l'un des trois états suivants : (1) en larmes ; (2) en train de me demander pourquoi c'était tombé sur moi ; ou (3) en train de cumuler (1) et (2).

En dépit de mon approche totalement erronée de l'amour, j'en redemandais, non pas parce que j'étais complètement maso, mais parce que – je m'en rends compte maintenant – j'adorais la sensation d'être aspirée par un tourbillon qui me dépassait. Jusqu'au moment où je tombais de haut. Il m'a fallu un certain temps avant d'ouvrir les yeux.

Aujourd'hui, l'amour signifie quelque chose de totalement différent. L'amour me fait rire, me donne envie de plaisanter et, surtout, me rend heureuse. Oubliées, les sensations fortes, les heures passées à côté du téléphone, à me demander si, oui ou non, il allait m'appeler. Mais envolée aussi, la désagréable sensation d'être dans une histoire qui, de toute évidence, ne marche pas. Pour en arriver là, je n'ai pas simplement eu la chance de rencontrer l'homme qu'il me fallait. Non : j'ai regardé la réalité en face, en m'interrogeant sur les choix que j'avais faits jusque-là. On ne se retrouve jamais dans une histoire bancale par malchance. C'est toujours une succession de mauvais choix qui nous conduit à un point où tout part à vau-l'eau. Bien sûr, dans certains cas, c'est effectivement la faute de l'autre si l'histoire ne fonctionne pas. Et dans d'autres, c'est incontestablement la nôtre. Mais c'est dans l'action qu'est le changement. Donc, les questions que vous devez vous poser sont les suivantes : que vous apprend votre couple sur les décisions que vous avez prises ? et que pouvez-vous faire pour être heureuse ? La réponse à ces questions vous intéresse ? Alors, poursuivez votre lecture...

Étape n° 1 : est-ce le souk dans votre vie amoureuse ?

Vous vous demandez : « Mais de quelle vie amoureuse parle-t-elle » ? Dans ce cas, la réponse est : « Oui : c'est le souk ! » Parmi les signes indiquant que vous prenez lentement mais sûrement la voie de la thérapie de couple, citons la rancœur non exprimée, la colère sourde, une vie sexuelle peu satisfaisante et l'incapacité de regarder votre conjoint sans avoir la rage au ventre. Les célibataires, quant à elles, peuvent dire que c'est le souk dans leur vie privée si personne ne trouve grâce à leurs yeux après le premier rendez-vous, si elles refusent catégoriquement tout rendez-vous et si elles entretiennent une relation plus étroite avec la télécommande de leur téléviseur qu'avec le monde extérieur.

Voici mon premier conseil : sachez que l'amour n'est ni un sentiment passif ni quelque chose qui vous tombe dessus. La qualité de votre vie amoureuse ne risque pas de s'améliorer si vous restez les bras croisés en attendant que ça arrive. Pour que les choses changent, vous allez devoir agir, c'est-à-dire identifier ce qui ne marche pas, pour « saucissonner » les problèmes et mieux les cerner. Jusqu'à présent, vous avez peut-être évité cette démarche, sachant qu'une fois que les problèmes seraient identifiés, il faudrait vous y attaquer. Seulement voilà : c'est la seule solution !

Si vous êtes en couple, posez-vous les questions suivantes pour cerner ce qui ne va pas :

1. S'agit-il des actes de votre conjoint ? Quels sont les sentiments qu'ils suscitent en vous ?

2. S'agit-il de vos attentes par rapport à votre couple ? Quelles sont-elles ?

3. Avez-vous, l'un et l'autre, des objectifs différents ? Si oui, que voulez-vous et que veut votre homme ?

4. Avez-vous le sentiment d'être du « tout cuit » pour lui ? Dans quels domaines lui en voulez-vous ?

5. Comment se porte votre vie sexuelle ? Comment pourrait-elle être améliorée ?

6. Avez-vous le sentiment que votre chéri ne vous écoute pas ? Qu'est-ce qui vous donne cette impression ?

Si vous êtes célibataire, cernez ce qui ne va pas en vous posant les questions suivantes :

1. Avez-vous vécu plusieurs histoires qui ont mal tourné ?

2. Avez-vous le sentiment que vos histoires d'amour sont des échecs ? Si oui, pourquoi ?

3. Vous dites-vous que les hommes qui vous plaisent ne vous rappellent jamais ? Et vous, que faites-vous pour prendre l'initiative ?

4. Avez-vous du mal à oublier votre ex ? Si oui, qu'est-ce qui vous empêche de tourner la page ?

5. Avez-vous honte d'être célibataire ? Qu'y a-t-il de mal à attendre de rencontrer le bon ?

6. Est-ce que vos amis et votre famille vous mettent la pression pour vous « caser » ? Comment pourriez-vous les rassurer, en leur montrant que vous allez bien ?

Le problème, quand on est célibataire ou quand on a des problèmes de couple, c'est que tout le monde a un avis sur le sujet. Lorsque j'étais seule, certains amis me disaient : « Tu es trop difficile » tandis que mes parents me répétaient : « Il faut que tu changes d'attitude. » Certains prétendants allaient même jusqu'à me dire que, si je vivais en solo, c'est parce que les hommes me trouvaient « trop drôle », « trop perspicace », voire « trop intelligente ». Aujourd'hui que je suis en couple, les remarques aussi fines ne manquent pas pour commenter nos hauts et nos bas. Mais en définitive, une seule personne peut trouver les réponses aux questions que vous vous posez sur votre vie amoureuse : c'est vous ! Alors, ne laissez pas votre entourage y mettre son grain de sel.

Pour commencer, analysez la manière dont vous réagissez à votre vie amoureuse actuelle.

EXERCICE N° 1

Citez 3 solutions qui vous aident à vous remonter le moral concernant votre vie amoureuse :

a)
b)
c)

Étudiez vos réponses et demandez-vous si ces solutions vous remontent vraiment le moral ou s'il s'agit de techniques d'évitement, autrement dit d'excuses pour ne pas essayer de changer les choses ?

Très concrètement, quelle est LA chose qui vous empêche d'avoir une vie amoureuse qui marche ? Qu'est-ce qui pourrait vous inciter à agir pour donner un coup de fouet à votre vie de couple ou pour recoller les morceaux ?

Maintenant, citez 3 raisons qui vous poussent à rester dans votre situation actuelle :

a.

b.

c.

Souvenez-vous : aucune personne sur Terre ne fait des choses qui ne lui procurent rien de positif en retour. Alors, identifiez ce que votre comportement vous apporte. Par exemple, si vous êtes célibataire et si vous avez décidé de le rester, faute d'hommes intéressants disponibles, se pourrait-il que vous cherchiez à éviter de souffrir, d'être rejetée ou d'être tributaire de quelqu'un ?

Si vous êtes dans une relation de couple où vous ne cessez d'asticoter Monsieur, agissez-vous ainsi pour éviter de regarder en face vos problèmes personnels plus sérieux, et potentiellement plus dangereux, ou parce que c'est devenu une habitude confortable ?

Étape n° 2 : votre profil amoureux

La manière dont on aime, et qui l'on choisit d'aimer, n'est pas le fruit du hasard. C'est au contraire le résultat direct de notre carte amoureuse personnelle. Selon les experts, cette carte est le plan que l'on porte en soi concernant le couple idéal – une carte psychologique façonnée par des idées et des expériences recueillies au cours de notre existence. Par conséquent, pour améliorer votre couple, commencez par identifier d'où viennent ces idées et ces attentes. Au dire des thérapeutes de couple, le passé est bien présent en nous, sous forme d'attentes et d'idées cachées qui finissent parfois par saborder notre vie amoureuse. Vous vous sentez perpétuellement déçue, trahie par l'amour ? Alors, il y a fort à parier que vos attentes, cachées et connues, n'ont pas été satisfaites.

Pour découvrir la topologie de votre carte amoureuse, pensez à vos parents : comment s'aimaient-ils ? comment communiquaient-ils ? et comment s'entendaient-ils ? Tous ces éléments ont leur importance, car, même s'ils ne correspondent pas à votre manière de penser et d'agir en couple, ils n'en constituent pas moins les fondements de vos idées sur le couple et le mariage. Vos parents se critiquaient-ils constamment ? ou bien viviez-vous dans une maison où régnait la plus parfaite courtoisie, mais où personne ne disait jamais ce qu'il pensait ? Dans votre famille, exprimait-on son amour ou réprimait-on toute manifestation de tendresse ? Il est probable que votre attitude actuelle vis-à-vis du couple est soit la reproduction de celle de vos parents, soit l'inverse de ce que vous avez connu enfant.

POUR VOUS AIDER À ANALYSER LE PASSÉ, NOTEZ LES RÉPONSES À CES QUESTIONS

1. Quels sont les messages positifs et négatifs qu'on vous a transmis concernant le couple et l'amour quand vous étiez enfant ?
2. Comment vos parents se comportaient-ils l'un avec l'autre ?
3. Comment vos parents réglaient-ils les problèmes ?
4. Diriez-vous que vos parents étaient heureux ensemble ?

En analysant la manière dont vos parents réagissaient à leurs problèmes, vous comprendrez peut-être mieux l'origine de vos difficultés. Prenons l'exemple de Sarah, 35 ans. Au bout de quatre ans, son couple a failli voler en éclats, suite aux innombrables disputes suscitées par l'attitude de son conjoint à son égard.

« Tout ce que Mathieu faisait me mettait dans une colère noire : laisser la vaisselle dans l'évier, me demander de passer au pressing chercher ses vêtements, ou simplement jeter les serviettes par terre dans la salle de bains. Il ne comprenait pas que cela me mette dans un tel état. Mais à mes yeux, c'était important. Je me sentais dévalorisée par son comportement. Et puis, un jour, j'en ai parlé à ma mère, qui m'a dit en riant : "Mais tu sais, ton père se comporte toujours de cette manière." J'ai alors brusquement réalisé que, durant toute mon enfance, j'avais vu ma mère servir de bonne à mon père, sans jamais se rebeller et que cela m'avait rendue dingue qu'elle n'essaie jamais de s'imposer. Cette prise de conscience n'a pas réglé nos problèmes d'intendance, mais maintenant, je suis plus sereine et plus rationnelle. Désormais, je comprends que le comportement de Mathieu est plus un problème de paresse, qu'un manque de considération à mon égard. »

EXERCICE N° 2

1. Est-ce que la manière dont vous aimez et dont vous vous comportez en couple est à l'image de l'attitude de votre mère, de celle de votre père ou au contraire ne ressemble ni à l'une ni à l'autre ?
2. Notez ci-dessous 2 de vos idées concernant le couple et les hommes :
a.
b.
3. Notez ci-dessous 2 de vos idées concernant le couple et les femmes :
a.
b.
Vos convictions et vos attentes concernant le couple sont des idées. À ce titre, il est possible d'en changer, simplement en le décidant ! Par exemple, espérez-vous secrètement que votre conjoint actuel réparera vos blessures passées – ce qui vous vaut de vous effondrer à chaque dispute ou à chaque déception ? Si la réponse est « oui », revoyez vos attentes, sans jeter la pierre à votre homme.
De la même manière, si vous espérez que, quand vous rencontrerez le Prince Charmant, vous vous sentirez aimée, heureuse et épanouie à tout point de vue, il y a fort à parier qu'une histoire d'amour malheureuse a entamé votre confiance en vous de manière générale. Dites-vous que cette histoire a mal tourné, mais que vous n'allez pas rester célibataire pour autant.

Une solution pour chaque idée

Idée n° 1 « Je veux que mon conjoint sache ce que je veux, sans avoir besoin de le lui dire. »

Solution Apprenez à dire ce que vous voulez et ce dont vous avez besoin. Personne ne peut lire dans les pensées d'autrui, même quand on connaît parfaitement cette personne et qu'on l'aime sincèrement. Attendre de l'autre qu'il sache lire dans vos pensées est une manière de saborder votre relation.

Idée n° 2 « Si nous étions vraiment faits l'un pour l'autre, nous ne nous disputerions pas. »

Solution Lorsque deux individus vivent ensemble, les disputes sont inévitables. Elles font partie du processus de cohabitation. Tout le monde se dispute. En vous disant que vous êtes les seuls, vous détruirez votre couple.

Idée n° 3 « Si je lui plaisais vraiment, il aurait tout le temps envie de faire l'amour avec moi. »

Solution Personne (vous compris !) n'a tout le temps envie de faire l'amour, surtout quand les soucis du quotidien s'en mêlent. Si vous vous sentez rejetée, identifiez ce que vous recherchez : est-ce réellement le sexe ou l'assurance que votre conjoint vous trouve attirante ?

Idée n° 4 « Si j'étais plus mince / plus jolie / plus intelligente, j'aurais un amoureux. »

Solution Regardez autour de vous : est-ce que toutes les femmes qui sont en couple sont plus minces / plus jolies / plus intelligentes que vous ? La réponse est « non ». La probabilité de tomber amoureuse ne dépend ni de votre apparence ni de votre intelligence ; elle dépend du nombre de personnes que vous rencontrez. L'amour est un jeu de probabilités. Plus on joue, plus on a de chances de gagner.

Idée n° 5 « Après toutes les épreuves que j'ai traversées, je mérite vraiment de rencontrer "le bon". »

Solution Ça, c'est peut-être vrai. Toutefois, espérer ne suffit pas. Ce qui va vous faire rencontrer quelqu'un, c'est l'action et non une attitude de victime.

Idée n° 6 « Le prochain sera le bon ».

Solution Oui, c'est une bonne chose de vous assurer que votre chéri et vous avez envie des mêmes choses, mais ne vous mettez pas (et ne lui mettez pas) la pression simplement parce que vous souhaitez vous caser. Au contraire : vivez l'instant présent ; vous verrez bien où cela vous mènera.

Étape n° 3 : faites le point de votre historique amoureux

Personne n'a envie d'être jugé en fonction du comportement de ses amis. De la même manière, ne jugez personne à ses ex. Tout le monde a au moins un ou une ex dont il n'est pas fier. En sortant avec différentes personnalités, on découvre avec qui on a envie d'être. C'est un processus important, car souvent la personne avec laquelle on pense vouloir être est en réalité une projection de ce qu'on aurait envie d'être soi-même, ou de la vie qu'on aurait envie de mener et non de la vie dont on a besoin.

Ainsi, si vous tombez perpétuellement amoureuse d'hommes qui ne vous conviennent pas ou si vous reproduisez systématiquement le même schéma de couple, interrogez-vous sur votre passé. Première chose : sachez que l'avenir ne doit pas forcément ressembler au passé. Si vous avez eu une enfance difficile ou traumatisante, si vous avez été victime de violences ou si vous avez vécu des situations compliquées qui expliquent qu'aujourd'hui, vous abordez le couple avec un lourd bagage émotionnel, réagissez. À vous de voir si, pour dépasser ce passé difficile, vous avez besoin d'entreprendre une psychothérapie, une analyse ou un travail personnel. Sachez que, si vous ne faites rien, ce passé continuera à affecter vos relations de couple et vos choix sentimentaux.

Vous pouvez sortir avec un homme qui ne vous convient pas pour différentes raisons. Si cela vous est déjà arrivé à plusieurs reprises, ce n'est pas parce que vous êtes complètement masochiste, mais parce que, d'une certaine manière, c'est confortable. Longtemps, je suis sortie avec des *losers*, simplement parce que cela me permettait de savoir parfaitement à quoi m'en tenir.

J'ai compris aussi qu'il était plus facile d'être avec eux en me répétant : « Si seulement il n'était pas drogué / alcoolique / coureur de jupons / complètement idiot, on serait vraiment heureux ensemble », que de trouver quelqu'un qui me forcerait à quitter ma zone de sécurité et à vivre une véritable histoire d'amour. Par conséquent, toutes ces relations n'étaient pas dues à la malchance : elles étaient le résultat direct de mauvaises décisions, comme par exemple de ne pas me fier à mon instinct et d'accepter des comportements ridicules.

EXERCICE N° 3

1. Analysez votre passé sentimental et voyez si vous pouvez repérer un profil type de personne qui vous fait craquer.
2. Qu'est-ce que ces relations vous ont apporté ? Si vous ne pouvez pas répondre, reportez-vous aux lignes ci-dessous qui expliquent les raisons pour lesquelles on est attiré par certains types de personnalités.

Vous tombez toujours sur des hommes qui ont besoin de vous

C'est le syndrome du saint-bernard : vous avez besoin d'aider les autres. Ce comportement puise souvent ses racines dans l'enfance : fouillez dans votre passé pour découvrir ce qui vous pousse à vouloir sauver les autres, au prix de votre propre bien-être.

Vous tombez toujours sur des hommes qui ne sont pas disponibles

Si vous êtes sortie avec une cohorte d'hommes mariés ou en couple, il est probable que le fait de savoir que vous arrivez à les détourner de leur femme booste votre ego. Si vous souhaitez une relation vraiment intime, jetez votre dévolu sur quelqu'un qui ne cherche pas les frissons d'une liaison extra-conjugale. Soyez plus exigeante et choisissez des hommes disponibles qui cherchent l'amour comme vous.

Vous tombez toujours sur des mauvais garçons

Vous avez gardé votre mentalité d'ado, où le *bad boy* était plus excitant, plus sexy, plus désirable... Se pourrait-il que sortir avec des mauvais garçons soit une manière de vivre votre côté *bad girl* ? Cessez donc, en pensant à tout ce que ces Messieurs ne vous apportent pas.

Vous tombez toujours sur des hommes qui vous placent sur un piédestal

Là, c'est un problème de manque d'estime de soi. En choisissant des hommes qui vous adulent, vous avez en permanence votre fan-club à vos côtés. Le seul problème, c'est que votre temps sur ce piédestal est compté ; comme vous l'avez sans doute constaté. Une fois que vous en redescendrez, il faudra soit tourner la page, soit regarder votre vrai moi en face.

Vous tombez toujours sur des hommes violents

Tomber sur un homme violent est souvent une question de malchance, car au début la plupart d'entre eux arrivent très bien à cacher cette facette de leur personnalité. En revanche, si vous tombez toujours sur des hommes violents, c'est autre chose : cessez de vous dire que vous pourrez les aider, arrêtez d'assumer la responsabilité de leur violence et faites-vous rapidement accompagner par un psychologue.

Étape n° 4 : laissez une chance à l'amour

Pour laisser une chance à l'amour, vous allez devoir être honnête concernant vos attentes, vos besoins et ce que vous allez donner. Les problèmes de couple sont rarement le fait d'une seule personne. Si tout va mal entre vous, déterminez ce qui vous pousse à rester (si vous êtes célibataire, posez-vous la question concernant votre précédent couple). Notez vos réponses dans un cahier.

EXERCICE N° 4

1. Dites 3 choses concernant votre compatibilité (ou manque de compatibilité) avec votre conjoint :

a.

b.

c.

2. Reprenez chaque affirmation et demandez-vous si elle est vraie (souvent, par habitude, on se répète certaines choses, alors qu'elles ne sont plus vraies).

3. Que vous dit (ou vous a dit) votre instinct concernant votre couple actuel (passé) ?

4. Si vous écoutiez votre instinct, quelles sont les deux choses que vous feriez immédiatement pour changer votre vie amoureuse ?

Exemple : Anna, 30 ans, est en couple avec Arnaud, 32 ans.

Au cours des deux dernières années, Anna a soutenu financièrement son homme, qui veut monter son groupe de rock. Elle a également aidé ses deux précédents petits amis : l'un d'eux était écrivain, l'autre voulait changer de métier. Anna attend un bébé et la jeune femme espérait que cela inciterait le futur papa à contribuer aux besoins du ménage et à trouver un travail. Aujourd'hui, elle est enceinte de six mois... et Arnaud n'a toujours pas de travail.

1. Dites trois choses concernant votre compatibilité (ou manque de compatibilité) avec votre conjoint :

a. « Il a beaucoup de talent, et je l'admire : il sait ce qu'il veut et il est prêt à se battre pour y arriver. »

b. « La qualité de notre relation est très bonne : nous pouvons parler de tout. »

c. « Je l'aime. »

2. Prenez chaque affirmation et demandez-vous si elle est vraie (souvent, par habitude, on se répète certaines choses, alors qu'elles ne sont plus vraies).

a. « Au fond de moi, je pense qu'il est trop vieux pour monter un groupe de rock et ça m'énerve qu'il manque de réalisme. »

b. « Nous ne pouvons pas parler de tout parce que je veux qu'il se bouge et qu'il assume une part des responsabilités financières sans que j'aie à le lui demander. »

c. « Je l'aime vraiment. »

3. Que vous dit (ou vous a dit) votre instinct concernant votre couple actuel (passé) ?

« Si Arnaud ne trouve pas de travail avant la naissance du bébé, je lui en voudrai. »

4. Si vous écoutiez votre instinct, quelles sont les deux choses que vous feriez immédiatement pour changer votre vie amoureuse ?

« Je lui parlerais de mes peurs et je lui demanderais de commencer à participer au paiement du loyer et des factures. »

12 MOYENS TRÈS EFFICACES DE SABORDER SON COUPLE

Outre nos problèmes personnels qui provoquent des interférences, il existe un nombre impressionnant de choses à faire pour ne laisser aucune chance à son couple. Identifiez vos travers et efforcez-vous d'agir pour améliorer la situation.

1. Être trop critique.
2. Demander plus qu'on ne donne.
3. Asticoter son conjoint en permanence.
4. Ne pas être honnête concernant ses sentiments.
5. Ne pas laisser une chance aux nouvelles rencontres.
6. Projeter ses envies sur les autres.
7. Généraliser sur les hommes, les femmes et l'amour.
8. Chercher systématiquement à imposer sa volonté.
9. Ne pas écouter l'autre.
10. Ne pas dire ce dont on a besoin.
11. Se répéter qu'on est incapable d'aimer.
12. Se dire que l'autre n'a aucune raison de nous aimer.

Plan de redressement : on remet les compteurs à zéro !

Il n'y a pas d'âge pour reprendre les choses en main ; c'est-à-dire pour sortir avec quelqu'un, pour aimer ou même pour repartir à zéro dans son couple actuel. À l'heure qu'il est, vous avez sans doute mis le doigt sur ce qui vous rend malheureuse dans votre couple. Maintenant, il est temps de réagir. Tout d'abord, rappelons que, lorsqu'on est en couple, les problèmes sont inévitables, car, quelle que soit l'intensité de l'amour qu'on se porte, chaque individu est porteur d'idées, d'attentes et de convictions. Arriver à concilier tout cela exige des efforts, des compromis et du travail.

Ensuite, si vous avez été malheureuse en amour jusque-là, il est fort probable que vous vous sentiez déçue, voire trahie : ce que vous attendiez n'est jamais arrivé ou ce qui vous plaisait a pris fin. Maintenant, il va falloir agir. Par conséquent, prenez un carnet et notez-y cinq choses que vous aimeriez rectifier dans votre vie amoureuse.

QUELQUES PISTES DE RÉFLEXION

Si vous êtes en couple :

- Attitude.
- Communication.
- Vie sexuelle.
- Objectifs communs.
- Intendance ménagère.

Si vous êtes célibataire :

- Rencontrer de nouvelles personnes.
- Explorer de nouvelles pistes pour rencontrer des gens.
- M'entraîner à flirter.
- Être bien dans ma vie de célibataire.
- Choisir des hommes qui me conviennent.

À côté de chaque proposition, notez une manière d'atteindre cet objectif, aujourd'hui même.

Si vous êtes en couple

Changez d'attitude

Si vous êtes branchée en mode « négatif », passez en mode « positif ».

Entraînez-vous à aborder vos problèmes avec un état d'esprit positif.

Améliorez la communication

Aujourd'hui, entraînez-vous à pratiquer 5 minutes d'écoute active, trois fois dans la journée, c'est-à-dire sans interrompre votre conjoint pendant qu'il parle.

Mettez de l'ordre dans votre vie sexuelle

Offrez-vous une sortie en tête à tête et négociez un compromis entre ce que vous voulez et ce qu'il veut.

Déterminez des objectifs communs

Sortez en tête à tête et parlez de vos projets d'avenir. Transformez l'opération en brainstorming amusant, sans remettre sur le tapis les mêmes problèmes.

Négociez des solutions pour les peccadilles qui vous empoisonnent l'existence

Abordez ces problèmes à froid, une fois que la pression est redescendue, après un « temps mort » de 10 minutes.

Si vous êtes célibataire

Faites davantage d'efforts pour rencontrer des gens nouveaux

Acceptez toutes les invitations qu'on vous lance. Attention : vous n'avez pas le droit de vous décommander !

Explorez de nouvelles pistes pour rencontrer des gens

Appelez tous vos amis proches et demandez-leur de vous présenter quelqu'un. Non, cela ne fait pas « cas désespéré » ; cela montre simplement que vous prenez les choses en main.

Entraînez-vous à flirter

Soyez charmante avec les serveurs, les vendeurs, toutes les personnes que vous croiserez aujourd'hui.

Soyez bien dans votre vie de célibataire

Oubliez l'amour un instant et fixez-vous des objectifs concernant vos finances, votre vie professionnelle et votre corps, pour booster votre estime de vous.

Choisissez des hommes qui vous conviennent

Entraînez-vous à écouter votre instinct lorsque vous rencontrez des hommes (tous les messieurs, pas seulement des amoureux potentiels). Alors, que vous dit votre instinct ? Tombez-vous juste ?

Veillez à mettre en pratique trois de ces résolutions, aujourd'hui même.

1. Sachez trouver l'amour

Vaste programme... La plupart des femmes qui se plaignent de ne rencontrer personne n'exploitent pas toutes les pistes disponibles. Toutefois, commencez par vous demander ce que vous recherchez exactement.

Voici la recette pour choisir un conjoint : 50 % de « Je sais ce que je veux » et 50 % de « Je suis ouverte à de nouvelles expériences ». Autrement dit : avant de vous mettre en quête, vous devez avoir une petite idée de ce que vous recherchez et des raisons qui vous poussent à rechercher ces qualités, sans pour autant être complètement rigide.

Pour vous aider dans votre quête, répondez aux questions suivantes :

« Je veux un conjoint qui... »

a.

b.

« Ces qualités me semblent importantes parce que... »

a.

b.

« Ces qualités iraient bien avec ma personnalité parce que...»

a.

b.

« Les endroits susceptibles de me permettre de rencontrer ce type de personnage » (faites un brainstorming avec des amis) :

a.

b.

c.

Quelles sont les deux choses à faire aujourd'hui pour avoir le sentiment de faire avancer les choses pour rencontrer quelqu'un ?

a.

b.

Si vous êtes certaine à 100 % des qualités recherchées chez l'homme de vos rêves, c'est peut-être justement votre liste de *desiderata* qui vous empêche de rencontrer quelqu'un. En effet, il est quasi impossible de trouver un homme qui réponde à 100 % à vos critères. Le hic, si vous manquez de souplesse, c'est que vous risquez fort de passer à côté d'une relation avec quelqu'un qui aurait pu vous rendre très heureuse.

Ne vous y trompez pas : rencontrer quelqu'un est vraiment une question de probabilités. Si vous ne croyez pas qu'on peut chercher l'amour (c'est-à-dire s'ouvrir à des possibilités de rencontrer quelqu'un) parce que tout est une question de destin, sachez, ma cocotte, que vous êtes à côté de la plaque.

Attention : je n'ai pas dit qu'il fallait sortir avec des centaines de prétendants ! Simplement, il faut sortir et rencontrer des gens nouveaux, pour agrandir son cercle de relations. C'est essentiel, parce que : (1) cela multiplie vos chances ; et (2) cela vous met potentiellement en contact avec des centaines d'autres célibataires (dites-vous que vous rencontrez quatre nouvelles personnes, qui connaissent chacune quatre autres personnes, qui ont quatre personnes dans leur entourage, etc.). Cela vous donnera un vaste vivier dans lequel choisir.

Ensuite, n'attendez pas d'être choisie : soyez celle qui choisit. Non seulement c'est plus dynamique et plus amusant, mais cela vous donne également le contrôle de la situation.

Voici une liste de choses à faire pour être en position de choisir :

- Entraînez-vous à flirter à tout va.
- Prenez des risques pour sortir de votre zone de sécurité.

- Multipliez les chances de rencontrer des gens : pensez aux petites annonces, aux clubs de rencontre, aux *blind-dates*.
- Cessez de croire au concept du Prince Charmant ; la Terre est remplie d'hommes qui pourraient vous convenir.
- Amusez-vous : sortir beaucoup, cela sert avant tout à ça.

2. Sachez conserver l'amour

Le principal problème, quand on se dispute avec son cher et tendre, réside dans le gouffre qui existe entre la manière dont on se voit et celle dont il nous perçoit. Par exemple, vous pensez que vous êtes franche, que vous savez communiquer et que vous connaissez vos défauts. Votre conjoint, lui, trouve que vous cherchez l'affrontement, que vous êtes dominatrice et que vous avez tendance à exagérer. Ne pensez pas que vous avez systématiquement raison : envisagez plutôt la possibilité que l'autre pourrait peut-être avoir raison.

Quelques règles à respecter lors des disputes

- Dites ce que vous avez à dire avec gentillesse.
- Contenez-vous.
- Essayez de ne pas être théâtrale dans l'expression de vos sentiments.
- Dites clairement ce qui ne va pas.
- Tenez des propos fermes.
- Soyez sûre de ce que vous voulez.
- Ne soyez pas accusatrice si vous souhaitez régler des problèmes.

Quels sont les sujets de conflit ? les questions d'argent ? la logistique ? le sexe ? les enfants ? Quels que soient vos problèmes, il va falloir les aborder pour les régler.

À laquelle des personnalités suivantes ressemblez-vous ?

Anna, 36 ans : « J'en veux vraiment à mon mari. Nous travaillons tous les deux, mais c'est moi qui m'occuppe des enfants, des tâches ménagères et des factures. Lorsque nous nous disputons, il prétend faire sa part, mais la vérité, c'est qu'il fait un dixième de ce que je fais et qu'il ne s'en rend même pas compte. »

Claire, 27 ans : « Mon conjoint me rabaisse devant nos amis et devant la famille. Il dénigre en permanence mon travail et se moque de mes efforts pour reprendre mes études. Lorsque nous en parlons, il me dit que je suis trop susceptible, mais moi je trouve qu'il est méprisant. »

Samantha, 28 ans : « L'un et l'autre, nous détestons les conflits. Alors, nous avons tendance à passer nos problèmes sous silence. Notre vie sexuelle ne me satisfait pas, mais je ne pourrai jamais le lui dire. Cela lui ferait trop mal. Pourtant, après avoir fait l'amour, je me sens toujours ignorée et frustrée, et je finis par le houspiller pour tout et n'importe quoi, pour des choses auxquelles il ne peut rien, en réalité. »

Vous vous reconnaissez dans l'une de ces femmes ? Ou pensez-vous que le problème de votre couple, c'est « tout ». Dans ce cas, vous allez devoir identifier ce qui vous dérange réellement. La meilleure solution, pour cela, consiste à noter votre irritation et votre frustration sur une échelle allant de 1 à 10, à chaque fois que vous sentez ces sentiments vous envahir. Par exemple, vous êtes furieuse parce que votre conjoint a laissé toute la vaisselle dans l'évier. Si votre irritation atteint plus de 5, le problème ne concerne pas simplement la vaisselle. Avez-vous le sentiment qu'il vous prend pour sa boniche ? ou s'agit-il de tout autre chose ? Un autre exemple : vous êtes furieuse parce que votre conjoint sort boire un verre avec ses amis. Si votre colère atteint la force 5 ou la dépasse, interrogez-vous : est-ce l'argent qui vous préoccupe ? ou bien pensez-vous que, vous, vous n'avez jamais l'occasion de décompresser ? vous inquiétez-vous de son comportement quand il sort sans vous ? craignez-vous qu'il cherche à draguer d'autres femmes ?

Au lieu de vous disputer au sujet de ces problèmes (la vaisselle ou les sorties avec ses copains), parlez des sentiments qui sont à l'origine de votre énervement, c'est-à-dire des inquiétudes que ces disputes révèlent.

La meilleure solution pour y parvenir consiste à améliorer la communication au sein du couple. Malheureusement, en cas de conflit, la communication en prend un coup, parce qu'on a du mal à écouter. On interrompt l'autre, on comprend de travers ce qu'il dit et on décroche à la première remarque ressemblant de près ou de loin à une critique. Pour améliorer la qualité de votre relation, il va falloir apprendre à écouter votre conjoint. Commencez par vous accorder mutuellement un temps de parole, en veillant à ne pas interrompre celui qui parle. Lorsqu'il a terminé, paraphrasez ce qu'il a dit, pour lui montrer que vous l'avez entendu. Ensuite, exposez votre point de vue. Efforcez-vous de résoudre le problème et non de vous défendre ni de vous venger.

L'ART DE COMMUNIQUER

Conseils à celui (celle) qui parle :

- **Dites ce que vous avez sur le cœur. Votre conjoint n'est pas doué de perception extrasensorielle : il ne sait pas lire dans vos pensées. De même, ne faites pas de supputation quant à ce qu'il pense.**
- **Soyez concise : ne ressassez pas la même chose en long et en large.**
- **Demandez à votre conjoint de paraphraser ce que vous avez dit pour vous assurer qu'il vous a entendue.**
- **Pour que l'issue de la discussion soit positive, ne sermonnez pas et n'agressez pas votre conjoint.**

Conseils à celui (celle) qui écoute :

- **Ne coupez pas la parole à celui (celle) qui parle.**

- **Écoutez activement sans vous contenter d'attendre votre tour pour balancer ce que vous avez sur le cœur.**
- **Paraphrasez ce qui a été dit, pour être certaine d'avoir bien compris.**
- **Soyez attentif (ve) : ne pensez pas à autre chose.**

La règle d'or pour sauver son couple est d'être ouverte aux compromis. Le terrain d'entente se trouve entre vos deux positions. Vous parviendrez à trouver ce juste milieu, en gardant à l'esprit ce qui est en jeu. Ainsi, avant de vous lancer dans une discussion, déterminez l'enjeu de votre conjoint. Cela ne signifie pas que vous allez devoir anticiper les arguments de celui-ci ni tenter de manœuvrer pour arriver à vos fins. Il s'agit simplement de savoir ce que vous souhaitez obtenir. Quelle serait la meilleure issue possible à vos yeux ? Quelle solution vous satisferait le plus ? Quel serait le meilleur compromis ? Souvenez-vous que l'idée ici n'est pas de marquer des points ni de vous imposer, mais de résoudre le problème.

3. Sachez tourner la page

Après avoir exploré toutes les pistes citées plus haut et essayé toutes les techniques, il est possible que le constat suivant s'impose : votre couple est mort. Quoi que vous fassiez, les choses ne s'améliorent pas. Une fois, alors que j'étais très malheureuse en couple, j'ai demandé à ma meilleure amie quand je saurais que l'heure était venue de rompre. Elle m'a répondu, avec beaucoup de sagesse : « Quand tu seras plus malheureuse qu'heureuse avec lui. » Et elle avait parfaitement raison. Vos sentiments sont le meilleur indicateur qui soit pour déterminer si votre histoire doit continuer ou non. Selon les spécialistes, il existe d'autres indicateurs :

Les signes indiquant que tout n'est pas perdu

- Vous vous aimez toujours.
- Vous vous respectez encore.

- Vous avez toujours envie que cela aille mieux entre vous.
- Vous avez tous les deux envie de régler les problèmes.
- Vous envisagez votre avenir avec lui.

Les signes indiquant qu'il est temps de tourner la page

- L'un de vous a trahi l'autre, et celui qui a été trahi n'arrive pas à passer l'éponge.
- Il n'y a plus de sincérité ni de respect.
- Votre conjoint vous inspire du mépris.
- Vous avez même cessé de vous parler et de vous disputer.
- Vous envisagez tout à fait votre vie sans lui.

Si vous êtes arrivée au point où les choses ne peuvent plus continuer, demandez-vous quel est le meilleur moyen de vous sortir de cette relation. Vous avez peut-être besoin de savoir exactement pourquoi tout est parti à vau-l'eau mais veillez à ne pas balancer à votre conjoint une longue liste de ses erreurs. Non seulement cela vous vaudrait des semaines de rancœur, mais c'est aussi le meilleur moyen d'obtenir l'inverse du résultat escompté. Souvenez-vous que, si vous avez le sentiment que votre histoire est finie, votre conjoint, lui, n'est pas forcément sur la même longueur d'onde que vous. Ce qui veut dire que vous ne pourrez sans doute pas mettre un terme à votre histoire aussi facilement que vous le souhaitez. Soyez claire sur vos objectifs, dès le départ.

Vous devez savoir :

1. Quel plan d'action vous allez appliquer pour effectuer la rupture.
2. Quelles sont les raisons qui vous poussent à rompre.

3. Ce qui doit se passer maintenant entre votre ex et vous.

Celui qui rompt a tôt fait de se laisser submerger par la culpabilité. Alors, soyez forte et évitez :

- de lui donner de faux espoirs ;
- d'insister pour rester bons amis ;
- d'envisager de voir vos amis communs ensemble ;
- de donner des détails sur votre rupture à vos amis communs ;
- de dire des choses du genre : « Tu sais, le problème, ce n'est pas toi, c'est moi. »

Ensuite, définissez clairement les règles du jeu concernant les contacts entre vous. Ne le laissez pas vous appeler à n'importe quelle heure ni vous envoyer des e-mails interminables, et encore moins vous voir pour « en parler ». Pour votre santé mentale et pour la sienne, il est essentiel d'ériger certaines barrières entre vous.

Retrouvez votre liberté dans vos relations amoureuses : comment trouver le juste milieu ?

Pour quiconque est coincé dans une histoire qui ne marche pas, il peut être fort utile de savoir à quoi ressemble une relation de qualité. Pour qu'un couple fonctionne, il ne s'agit pas simplement que les deux partenaires soient follement amoureux l'un de l'autre. Il s'agit de construire une relation dans laquelle on se sent bien et on permet à l'autre de se sentir bien, lui aussi. Il s'agit de communiquer, de passer du bon temps ensemble et d'avoir une vie sexuelle satisfaisante. Pour permettre à votre couple de fonctionner, veillez à respecter les règles suivantes :

1. Apprenez à penser en termes de couple

Attention ! il ne s'agit pas d'être complètement fusionnels ni de devenir une seule et même personne. Mais plutôt de tenir compte de l'autre avant de prendre des décisions qui affectent sa vie. Ainsi, l'endroit où l'on vit et où l'on travaille a une incidence sur le couple, tout comme les changements professionnels, la naissance d'un enfant, voire parfois la destination de vacances. Pour que tout roule entre vous, dites-vous que vous n'êtes qu'un élément du processus de décision.

2. Ayez votre vie à vous

D'accord, vous adorez être avec Chouchou et faire des choses avec lui. Mais cela vaut aussi la peine d'avoir votre vie à vous.

Tout d'abord, l'indépendance apporte de l'estime de soi et de la confiance en soi – ce qui est bénéfique au couple. Ensuite, il est plus sain que chacun des partenaires ait une vie à soi, plutôt que de passer tout son temps avec l'autre.

3. Soyez claire concernant vos objectifs

Assurez-vous que vous regardez tous les deux dans la même direction, sans prendre pour acquis que votre conjoint a les mêmes envies que vous, qu'il s'agisse de se marier et d'avoir des enfants, de prendre une retraite anticipée ou de partir vivre à l'étranger. Parlez régulièrement de vos objectifs, sans pour autant échafauder des projets concrets. Il s'agit simplement d'être sur la même longueur d'onde.

4. Parlez ouvertement de vos problèmes

Ne partez pas du principe que l'autre sait lire dans vos pensées ni qu'il va faire comme si tout allait bien alors que, de toute évidence, ce n'est pas le cas. Pour réussir à surmonter vos problèmes, il vaut mieux en parler ouvertement et sincèrement. Ce qui veut dire que vous devrez aborder vos peurs, reconnaître les inquiétudes qui affectent votre relation et, avant tout, être prête à régler les problèmes qui surgissent, qu'ils viennent de vous ou de Monsieur.

LES 10 PRINCIPAUX INGRÉDIENTS DU COUPLE QUI MARCHE

1. Attirance mutuelle : vous éprouvez une attirance sexuelle l'un pour l'autre.
2. Enthousiasme : vous êtes enthousiastes concernant votre conjoint et votre couple.
3. Affection : vous vous embrassez ailleurs qu'au lit.
4. Communication : vous savez vous parler.
5. Honnêteté : vous dites ce que vous pensez.
6. Compatibilité : vous avez envie des mêmes choses et vous connaissez le passé de l'autre.
7. Gentillesse : vous êtes gentils l'un avec l'autre.
8. Humour : vous arrivez à rire de vos problèmes et de vos erreurs.
9. Opinions : vous avez les mêmes idées sur ce qui est bon et ce qui ne l'est pas.
10. Buts communs : vous avez les mêmes objectifs dans la vie.

Plan d'action en quatre semaines pour améliorer votre vie amoureuse

Ce plan d'action vous propose une approche pas à pas. Chaque jour, consacrez 30 minutes à l'amélioration du fonctionnement de votre couple. Si vous êtes célibataire, pensez à votre dernière histoire amoureuse pour faire certains de ces exercices. Notez vos réponses dans un carnet.

« Je croyais qu'être malheureuse en amour était une fatalité. Un jour, j'ai compris que la fatalité n'avait rien à voir là-dedans mais que je faisais des choix erronés. Cela peut paraître évident, mais pour moi cela a été une révélation, qui a complètement changé ma vie. »

(Lucie, 29 ans)

Première semaine

Lundi

Demandez-vous ce qui vous rend malheureuse dans votre vie amoureuse. Attention ! soyez précise dans vos réponses. Si vous séchez, imaginez la journée romantique idéale avec votre amoureux. Qu'est-ce qui distingue cette journée de la vie que vous menez actuellement avec votre homme ?

Mardi

Découvrez ce que vous attendez de votre couple : énumérez tous vos espoirs et toutes vos attentes. Puis reprenez votre liste : notez chaque espoir, de 1 à 10, en fonction de son degré de réalisme. Ensuite, déterminez si votre couple répond à ces attentes.

Mercredi

Quelles sont les attentes de votre conjoint concernant votre couple ? Demandez-lui de faire l'exercice ci-dessus. Ensuite, commentez vos listes, sans vous accabler de reproches ! L'idée, ici, est de faire un état des lieux.

Jeudi

Réfléchissez à ce qui vous paraît le plus frustrant dans votre couple : une mauvaise communication ? une relation trop rationnelle ? le manque d'humour ? Si vous êtes célibataire, est-ce le fait que vous ne rencontrez aucun homme qui vous plaît ? que vous vous trouvez trop vieille pour sortir ? Identifiez l'origine de vos frustrations. Que pouvez-vous faire pour y remédier ?

Vendredi

Penchez-vous sur votre passé. Quels sont les bagages que vous trimballez avec vous, sans même vous en rendre compte ? Quelles relations vos parents entretenaient-ils ? Quelles relations les parents de votre conjoint avaient-ils ?

Samedi

Ce soir, sortez en tête à tête. Faites-en un événement, une sortie qui change du quotidien, juste pour vous faire plaisir. Renouvelez l'expérience une fois par semaine. Si vous êtes célibataire, faites quelque chose d'osé, qui vous obligera à sortir de votre zone de sécurité.

Dimanche

Repensez à votre sortie de la veille. Qu'est-ce qui s'est bien passé ? Qu'est-ce qui s'est mal passé ? Retombez-vous toujours dans les mêmes schémas ? Si vous vous êtes amusée, qu'est-ce qui a fait que vous avez passé une bonne soirée ?

Deuxième semaine

Lundi

Réfléchissez à votre profil amoureux. Quels sont les traits de personnalité qui caractérisent le conjoint parfait à vos yeux ? Le but de cet exercice est de vous aider à déterminer ce qui vous rend vraiment heureuse et ce que vous acceptez par habitude.

Mardi

Faites la liste des attentes que vous avez vis-à-vis de votre conjoint et qui posent problème (demandez-lui de faire de même). Puis mettez sur pied un plan d'action pour modifier ces attentes. Commencez par vous demander quels sont vos besoins.

Mercredi

Posez-vous la question : est-ce que votre conjoint et vous-même essayez chacun de changer l'autre, sans même en avoir conscience ? Souvenez-vous qu'on ne peut pas changer les gens mais simplement changer notre manière de réagir à leur personnalité.

Jeudi

Pimentez votre vie sexuelle. Si elle vous semble terne, demandez-vous pourquoi : est-ce lié à un problème de mauvaise estime de soi ? à la piètre qualité de la relation en général ? à l'ennui ? Quel que soit le problème, faites trois choses positives pour améliorer votre vie sexuelle.

Vendredi

Cette semaine, c'est à votre conjoint d'organiser votre sortie en tête à tête. Demandez-lui de s'occuper de tout (attention : résistez à la tentation d'ajouter votre grain de sel !). Soyez partante, quoi qu'il propose. Si vous êtes célibataire, explorez une nouvelle piste pour rencontrer quelqu'un, une piste qui vous semblait intimidante : petites annonces, *blind-date, speed-dating*, etc.

Samedi

Votre sortie de la veille vous a-t-elle fait plaisir ou êtes-vous rentrée complètement déprimée ? Qu'est-ce qui a fonctionné ? Qu'est-ce qui n'a pas marché ?

Dimanche

Fixez-vous pour objectif de passer toute la journée ensemble sans râler et sans vous disputer. À la fin de la journée, faites le bilan. Si vous êtes célibataire, passez la journée à affûter votre technique de flirt. À la fin de la journée, voyez si vous avez obtenu un *feed-back* positif.

Troisième semaine

Lundi

Faites un effort pour être plus aimante et plus affectueuse avec votre homme (ou avec vos amis, votre famille) : cela vous rapprochera tout en améliorant la communication.

Mardi

Dites ce que vous avez sur le cœur. Ne laissez pas votre moitié deviner ce que vous pensez. Attention ! il ne s'agit pas de critiquer ni de râler, mais de dire ce qui vous dérange et ce que l'autre peut faire pour y remédier.

Mercredi

Entraînez-vous à écouter activement vos collègues, vos amis, votre famille et votre conjoint. Demandez du *feed-back* pour savoir ce que vos interlocuteurs ont ressenti.

Jeudi

Amusez-vous davantage ensemble. Oubliez toutes les préoccupations sérieuses. Que faites-vous pour prendre du bon temps à deux ? Si la réponse est « rien », cherchez une solution pour y remédier. Si vous êtes célibataire et si votre existence est tout sauf amusante, trouvez des idées pour rendre votre vie sociale moins terne.

Vendredi

Discutez de votre soirée idéale en tête à tête et planifiez-la ensemble, jusque dans les moindres détails. Si vous n'êtes pas en couple, organisez une sortie avec des copines célibataires et entraînez-vous à flirter.

Samedi

Identifiez ce qui va mieux entre vous. Dans quels domaines y a-t-il encore du travail ? Si vos projets ont tous échoué, est-ce le signe que vous avez des objectifs différents ou cela met-il en lumière des problèmes plus graves au sein du couple ?

Dimanche

Revoyez l'organisation de votre vie commune. Prenez du temps à deux, pendant la journée, installez-vous ensemble et faites une séance de brainstorming sur l'existence que vous aimeriez avoir dans les cinq ans à venir. Choisissez l'endroit où vous aimeriez vivre et la vie que vous aimeriez mener ensemble.

Quatrième semaine

Lundi

Abordez le principal problème de votre couple. Je vous conseille d'être concise. Ne succombez pas à la tentation de partir sur autre chose ni d'énumérer tout ce qui vous déplaît chez l'autre. Ensuite, demandez à votre conjoint de paraphraser ce que vous venez de dire, pour être certaine d'avoir bien été entendue.

Mardi

Écoutez votre conjoint vous expliquer quel est, selon lui, le principal problème de votre couple. Que ressentez-vous, en entendant votre cher et tendre exposer le problème ? Résistez à l'envie de vous mettre sur la défensive ou de riposter en envoyant quelques Scuds bien placés. Ensemble, trouvez deux solutions pour commencer à rectifier la situation.

Mercredi

Ne ressortez pas systématiquement toutes vos récriminations relatives au passé dès la première dispute. Lorsqu'un couple commence à battre de l'aile, c'est rarement la faute d'une seule personne. Par conséquent, pour améliorer les choses, il faut passer l'éponge et aller de l'avant.

Jeudi

Réfléchissez à votre vie personnelle. Toutes vos attentes sont-elles focalisées sur votre couple ? Si c'est le cas, construisez-vous une vie à vous. Que vous soyez en couple ou célibataire, il est important d'avoir une vie à soi. Fixez-vous deux nouveaux objectifs personnels, aujourd'hui même.

Vendredi

Identifiez les sujets de friction au sein du couple. Est-ce l'argent ? les enfants ? Que pouvez-vous faire ensemble pour y remédier ? Sur quels points vos opinions divergent-elles ? Quels sont vos objectifs communs ?

Samedi

Quelles sont les nouvelles compétences que vous et votre conjoint pourriez acquérir pour améliorer le fonctionnement de votre relation ? Réfléchissez à la manière dont vous pourriez les intégrer à votre vie. Par exemple, si vous avez besoin d'apprendre à réfléchir en termes d'équipe, envisagez de pratiquer un sport collectif.

Dimanche

Offrez-vous une journée entière ensemble, en tête à tête, pour vivre la journée romantique idéale décrite au début du mois. Si votre objectif de célibataire est d'avoir une journée à vous, offrez-vous ce plaisir, en faisant exactement ce qui vous chante.

chapitre 5

Index

A

B

C

D

E

F

G

H

I

J

L

M

N

O

P

R

S

T

V

Z

Table des matières

Dans la même collection :

L'Almanach des paresseuses
L'Anglais des paresseuses
L'Armoire idéale des paresseuses
L'Art de se faire épouser des paresseuses
L'Astrologie des paresseuses
La Beauté des paresseuses
La B.D. des paresseuses
La B.D. des paresseuses 2
Les Bonnes Résolutions des paresseuses
Le Bricolage des paresseuses
La Cave à vin des paresseuses
Le Corps de rêve des paresseuses
La Couture des paresseuses
La Cuisine des paresseuses
L'Écologie des paresseuses
Le Feng Shui des paresseuses
La Fête des paresseuses
Le Guide de survie des paresseuses
La Gym des paresseuses
L'Histoire de France des paresseuses
Le Home sweet home des paresseuses
Le Jardinage des paresseuses
Le Kama-sutra des paresseuses
Le Nouveau Savoir-Vivre des paresseuses
Les Paresseuses se marient !
Les Paresseuses s'engagent !
La Positive Attitude des paresseuses
Le Prince Charmant des paresseuses
La Recherche de job des paresseuses
Le Régime des paresseuses
La Santé des paresseuses
Les Secrets de jeunesse des paresseuses
Le Sudoku des paresseuses
Les Vacances des paresseuses
La Vie politique (enfin) expliquée aux paresseuses
La Vie rêvée des paresseuses
Le Vintage des paresseuses
La Zen Attitude des paresseuses

En papeterie :

L'Agenda des paresseuses 2007
Le Calendrier des paresseuses 2007
Le Répertoire des paresseuses

Photocomposition Nord Compo

Imprimé en Italie
par « La Tipografica Varese S.p.A. »
ISBN : 978-2-501-05075-3
Dépôt légal : 83194 – Mars 2007
40.8930.6/01